中国票据市场研究

（2020 年第 3 辑　总第 4 辑）

中国票据研究中心　编

中国金融出版社

责任编辑：黄海清　白子彤
责任校对：李俊英
责任印制：裴　刚

图书在版编目（CIP）数据

中国票据市场研究．2020．第3辑／中国票据研究中心编．—北京：中国金融出版社，2020.11

ISBN 978-7-5220-0831-8

Ⅰ．①中…　Ⅱ．①中…　Ⅲ．①票据市场—研究—中国　Ⅳ．①F832.5

中国版本图书馆CIP数据核字（2020）第186910号

中国票据市场研究．2020．第3辑
ZHONGGUO PIAOJU SHICHANG YANJIU．2020．DI_3 JI

出版
发行　中国金融出版社

社址　北京市丰台区益泽路2号
市场开发部　（010）66024766，63805472，63439533（传真）
网 上 书 店　http：//www.chinafph.com
（010）66024766，63372837（传真）
读者服务部　（010）66070833，62568380
邮编　100071
经销　新华书店
印刷　保利达印务有限公司
尺寸　185毫米×260毫米
印张　12
字数　167千
版次　2020年11月第1版
印次　2020年11月第1次印刷
定价　49.00元
ISBN 978-7-5220-0831-8

编 委 会

目 录

特　　稿

票据业务双项并举 促进中小企业融资

谢 伟[①]

为规范标准化票据融资机制，人民银行于2020年6月28日正式发布《标准化票据管理办法》（中国人民银行公告〔2020〕第6号）。标准化票据和传统票据业务双项并举，可以更好地服务中小企业融资和供应链金融发展。票据是商业信用的规范化形式，20世纪80年代我国开始推广票据结算，重点解决“三角债”问题。随着票据市场不断规范发展，截至2020年5月末，票据承兑余额逾14万亿元，其中银票承兑逾12万亿元，商票承兑近2万亿元；贴现余额近10万亿元，其中银票贴现近9万亿元，商票贴现近0.7万亿元，票据产品已经成为企业重要的支付和融资工具。因市场对银行信用认可程度较高，因此银票使用较为普遍，而商票因信用问题，市场接受度较弱。标准化票据的推出，将进一步盘活企业持有的未贴现商票，拓宽商票的使用空间。

一、票据市场生态环境显著改善

上海票据交易所（以下简称票交所）2016年底成立以来，顶层设计不断完善，市场秩序重塑规范，交易主体结构优化，经营模式丰富多元，产品创新服

① 作者简介：谢伟，上海浦东发展银行副行长。

务实体，金融科技赋能增效，业务风险大幅降低。

（一）票据业务电子化，有效杜绝伪假票据问题

过去纸票交易存在天然的不便利性，交易人员需要“送票”和“验票”，卖出方需要办理票据出库手续，买入方在验票签收后办理入库手续，操作环节多，并且验票工作量大。如未能及时拦截假票，易给持票方带来巨大风险隐患。票据业务电子化水平持续提升，2019年，电子票据在承兑、贴现、交易业务中占比分别为97.93%、99.39%和99.80%，大幅降低了出票、背书、贴现、交易等流转环节的操作风险。

（二）完善票据托收兑付机制，制度与系统提供双重保障

制度明确了已贴现银票到期自动发起托收的规则，系统自动扣划银行在人民银行的备付金账户，显著提升了票据兑付效率。得益于清算结算机制的重塑，市场普遍认为票据业务信用风险和操作成本大幅降低，交易参与机构的类型不断丰富，数量进一步扩容，较好地提升了票据市场的交易活跃度。

（三）商业汇票信息加强披露，票据评级体系有望搭建

推进中的商业汇票信息披露工作，有效地加强了商业汇票信用体系建设，完善了市场化约束机制，保障了持票人的合法权益。人民银行和票交所分别起草了规范商业汇票信息披露的公告及操作细则，并向社会公开征求意见。试点机构通过商业汇票信息披露平台，按日披露票据承兑信息、按月披露承兑信用信息。市场机构可查询披露票据的相关信息，为商业汇票信用评级体系的搭建夯实基础。

二、解决中小企业融资难题

票据市场生态环境显著改善，在此基础上更能聚焦解决中小企业融资难的

问题。中小企业融资难是长期存在的全球性问题，应收账款的拖欠也是导致中小企业资金紧张的主要原因之一。为此，人民银行相继推出了应收账款票据化和标准化票据。

（一）应收账款票据化

利用贸易链核心企业信用，解决上下游企业资金难题，已成为业内共识和突破关键。人民银行对此高度关注，有序推进应收账款票据化。

1. 2019年6月，人民银行行长易纲在“陆家嘴金融论坛”上提出，支持票交所在长三角地区推广应收账款的票据化。

2. 经人民银行同意，票交所积极推动应收账款票据化。2020年4月24日，建设开发的供应链票据平台正式上线试运行，为企业提供电子商业汇票的签发、承兑、背书、到期处理等服务。

3. 2020年6月18日，首批供应链票据贴现业务成功落地，提升企业供应链融资可获得性，进一步降低融资成本，纾解新冠肺炎疫情困境，缓解中小企业的资金周转压力。

（二）标准化票据

随着应收票据标准化的推广，中小企业持有的商业汇票有望大幅增加。《标准化票据管理办法》着力解决票据融资问题，展现了统筹全局的顶层设计思路，体现了三点重要意义：

1. 进一步推进票据的标准化，为扩宽投资者范围奠定了基础，有利于票据贴近资金市场定价、降低企业融资成本。

2. 弱化了票据资产信贷属性，减少了信贷规模对票据利率的影响。

3. 标准化票据实现了多个持票人、集中票据融资的新模式，区别于普通票据单户、逐张进行银行贴现后，进行交易的传统模式。

三、标准化票据和商业汇票双项并举

票据市场推动标准化票据，发挥创新优势；同时创新传统票据服务，发挥已有规模优势，双项并举促进中小企业融资。其中，标准化票据业务如能在标债认定、信用分层、征信评级、确认兑付等方面取得突破，将有利于激发票据市场活力，进而促进从银行信用到企业信用的有序转换。

（一）标准化票据模式

1. 标债认定。《标准化债权类资产认定规则》（中国人民银行　中国银行保险监督管理委员会　中国证券监督管理委员会　国家外汇管理局公告〔2020〕第5号）于2020年7月3日正式发布，未提及标准化票据。因此，为实现标准化票据模式的后续推广，急需明确非银机构及产品的投资政策。例如，公募基金投资范围的列示资产暂未包括标准化票据，还需监管部门予以明确。建议由票交所作为票据市场基础设施机构，向人民银行提出标债资产认定申请。

2. 信用分层。标准化票据基础资产包括未贴现商票，与2016年起推出的票据ABS有相似之处，但至今未达到预期规模和效果，原因之一在于企业信用风险分散、缺乏外部评级、市场接受程度较低。为解决这一问题，建议采用“信用分层”策略。央企及部分国企等高信用等级的企业，因其资本实力较为雄厚，经营周转较为健康，信用记录较为完备，可以直接使用商票支付和融资。与之对应，低信用等级的企业，信用记录存在缺失，在交易中处于弱势地位，缺乏主动权和议价权。建议延续使用银票产品，借助银行信用获得货款兑付保障，并通过票据贴现、转让，帮助企业加快资金周转，提高综合竞争力。中信用等级的企业，鼓励使用商票产品，探索“征信评级+确认兑付”的创新模式，结合信用风险缓释凭证等风险分担工具，推动从银行信用到企业信用的转换，助力解决融资难题。

3. 征信评级。标准化票据的评级结果有赖于对基础资产票据的风险评估，当基础资产为未贴现商票时尤其如此。承兑企业的兑付习惯和偿付能力决定了商票的信用风险水平，因此商票评级既应关注承兑企业的人民银行征信信息，又要审核企业承兑票据的兑付记录。随着票据业务电子化水平的提升，商票承兑、背书、贴现、托收等各环节的信息均可归集。结合商业汇票信息披露工作，金融科技赋能票据市场，大数据分析手段有望被广泛运用于信息挖掘，商票兑付情况与企业征信报告相互印证，为票据评级建设奠定基础。

4. 确认兑付。目前，企业持有商票，时有发生到期未兑付或延迟兑付的情况，持票权利保障不够全面。建议比照电子银票“付款确认+到期兑付”机制，中信用等级的企业可与开户银行签约，申请开通商票“付款确认+到期兑付”功能。符合要求的企业，可在票据存续期对其承兑的商票进行付款确认，并由开户银行采取相应风险缓释措施。已进行付款确认的商票，到期时如没有登记止付信息，开户银行可代承兑企业对提示付款申请进行同意应答，并由票交所系统自动将票据金额划付至持票人资金账户。如企业账户资金不足，开户银行予以先行垫付，以保障投资人的合法权益。此类商票兑付效率更有保障，可以获得更高市场认可度，有助于商票及标准化票据的推广使用。

（二）传统票据模式

标准化票据的推出，实现了票据的产品创新和制度突破，包括拓宽投资机构范围，弱化票据信贷属性等。标准化票据的基础资产为普通商业汇票，信息披露较为充分，定价较为公允，流动性较好，并在票交所登记、托管和交易。因此，建议此类产品创新和制度突破也能应用于现有票据业务。两种模式发挥各自优势，在服务中小企业融资方面形成互补。

1. 票据回归本源，支持实体经济

商业汇票基于企业贸易诞生，随着市场经济发展规模不断壮大。2019年，票据签发承兑20.38万亿元，同比增长11.55%；企业背书46.47万亿元，同比增长16.86%；票据贴现12.46万亿元，同比增长25.33%；票据交易50.94万亿元，同比增长22.01%。票据作为传统支付结算和贸易融资工具，在企业间被广泛使用，为实体经济发展提供大力支持。当前宏观经济下行压力增大，票据业务回归本源，继续促进中小企业发展。一方面，票付通、贴现通等产品创新，推动票据市场产融结合，扩大票据服务的外延，便捷企业支付，扩大实体融资；另一方面，制度突破释放票据市场红利，引入多元参与机构丰富市场功能，引流市场资金浇灌中小企业之花。

2. 用好再贴现，精准滴灌中小企业

再贴现可以有效传导人民银行政策，引导资金精准滴灌“三农”、小微、绿色、科技等重点扶持领域。建议持续加大再贴现规模，让更多的中小企业能够通过“贴现—再贴现”的政策得到扶持。另外，建议加大商票再贴现窗口操作力度。商票承兑是企业自发行为，能较好地反映经营周转的实际需求。人民银行可以运用结构性货币政策工具，在再贴现额度分配上，予以中小企业商票一定比例，发挥定向精准灌溉功能，提升货币政策直达实体经济的传导效果。

市场运行

2020年上半年票据市场运行情况

上海票据交易所

2020年上半年，在全力抗击新冠肺炎疫情、支持企业复工复产的过程中，票据市场贯彻落实逆周期调控政策要求，快速有效地扩大票据融资规模，降低融资成本；在第二季度以来货币政策结构调整的过程中，票据市场充分显示了机制灵活、反应迅速的市场化优势，服务实体企业的导向更加突出。2020年上半年，票据市场业务总量77.81万亿元，同比增长17.26%，其中：签发承兑11.68万亿元，同比增长16.58%；背书22.81万亿元，同比增长2.5%；贴现7.86万亿元，同比增长24.23%；交易34.83万亿元，同比增长28.0%。

一、票据市场运行的宏观背景

（一）企业复工复产加快，宏观经济总体企稳向好

2020年第二季度以来，在疫情防控常态化的情况下，生产端和需求端总体改善，宏观经济低位企稳。生产端看，截至5月末，67.4%的规模以上企业达到正常生产水平八成以上[①]，前5个月全国规模以上工业增加值同比下降 2.8%，降

① 数据来源：国家统计局网站。

幅较第一季度大幅收窄5.6个百分点。需求端看，前5个月全国固定资产投资和社会消费品零售总额同比分别下降6.3%和13.5%，降幅分别较第一季度缩小9.8个和5.5个百分点；货物进出口总额同比下降4.9%，降幅较第一季度缩小1.5个百分点。

（二）积极财政政策持续发力，货币政策更加突出精准度

从财政政策看，2020年财政政策力度空前，债券发行节奏有所加快。全国两会提出新增财政赤字1万亿元，同时发行抗疫特别国债1万亿元；前5个月全国发行地方政府债券3.2万亿元，同比增长64.93%，其中5月单月地方债发行突破1.3万亿元②。从货币政策看，在前期逆周期调控取得初步成效的情况下，逆周期调控的力度和节奏有所调整，货币政策调控更加注重精准度和“直达性”，社会融资规模和货币供应量继续保持较高速度增长。5月末，社会融资规模存量同比增长12.5%，增速较上年末提高1.8个百分点，较第一季度末提高1.0个百分点；广义货币（M2）余额同比增长11.1%，增速较上年末提高2.4个百分点，较第一季度末提高1.0个百分点。

（三）资金价格低位回升，市场交易量高位回落

在宏观经济低位企稳，逆周期调控节奏、力度调整的情况下，5月以来货币市场利率中枢抬高，市场预期有所分化，机构交易行为趋于谨慎，交易规模回落，资金价格总体回升。货币市场看，6月，DR007和Shibor（7天期）均值分别为1.98%和2.03%，较上年12月下降36个和48个基点，但较5月上升44个和31个基点。5月银行间货币市场成交共计101.1万亿元，同比增长19.48%，但环比下降17.54%。债券市场看，5月末国债、政策性金融债、企业债（AAA级）

② 数据来源：财政部网站。

和中短期票据（AAA级）各关键期限点较上月末平均上行37个、49个、21个和23个基点[③]。5月全国债券市场共发生现券和回购交易131.38万亿元，同比增长18.56%，但环比下降16.08%。

二、票据市场重要事件回顾

（一）商业汇票信息披露平台试运行

根据人民银行开展商业汇票信息披露试点的有关要求，2020年1月16日商业汇票信息披露平台在上海票据交易所上线试运行。截至6月15日，平台已有344家注册用户，累计141家试点机构披露过票据承兑信息或承兑信用信息。6月7日，根据人民银行总行相关工作要求，上海票据交易所向社会发布《商业汇票信息披露操作细则（征求意见稿）》并征求意见。

（二）供应链票据平台成功上线

4月24日，供应链票据平台成功上线试运行。供应链票据平台依托电子商业汇票系统，与供应链金融平台对接，为企业提供电子商业汇票的签发、承兑、背书、到期处理、信息服务等功能，供应链票据可以在企业间转让，通过贴现或标准化票据融资。6月18日，首批供应链票据贴现业务成功落地，9家企业通过供应链票据贴现融资10笔、金额506.81万元，贴现票据全部为商业承兑汇票。

（三）《标准化票据管理办法》出台

6月28日，人民银行发布《标准化票据管理办法》，自7月28日起正式实

---

③ 数据来源：中国债券信息网，2020年5月债券市场分析报告。

施。标准化票据将票据资产的期限和信用标准化后在债券市场交易流通，将有助于打通票据市场与债券市场的壁垒，提升中小机构流动性管理水平，并为中小银行承兑的银票引入更多不同风险偏好的投资者，提高中小银行承兑银票的投资吸引力。

三、票据市场运行总体情况

（一）企业复工复产基本到位，票据使用总体活跃

一是签发承兑同比增长。6月末，全市场承兑未到期金额14.19万亿元，同比增长15.31%，增速较年初提高0.04个百分点；上半年，全市场累计承兑商业汇票11.68万亿元，同比增长16.58%。第二季度全市场承兑量5.64万亿元，环比下降6.63%。

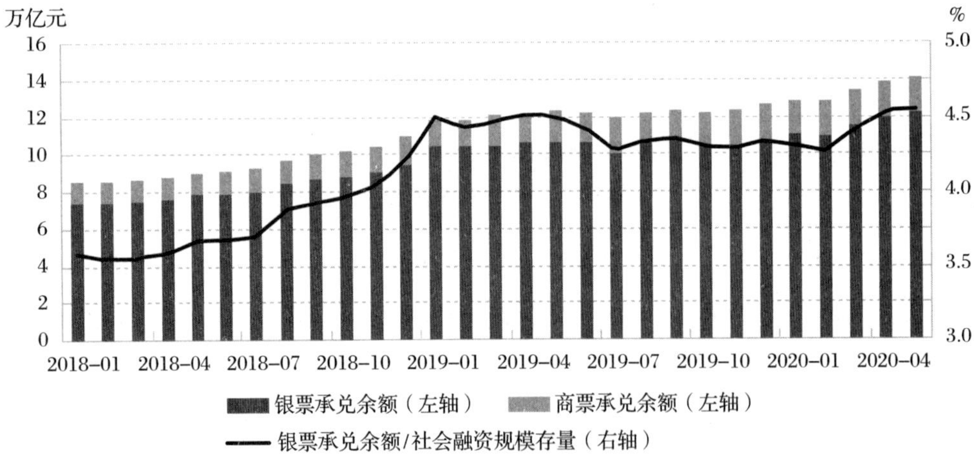

图1 票据承兑在社会融资规模中的占比变化

二是背书量增速由负转正。上半年，全市场累计背书22.81万亿元，同比增长2.5%，增速较第一季度回升2.77个百分点；第二季度全市场累计背书11.54万亿元，环比增长2.49%。

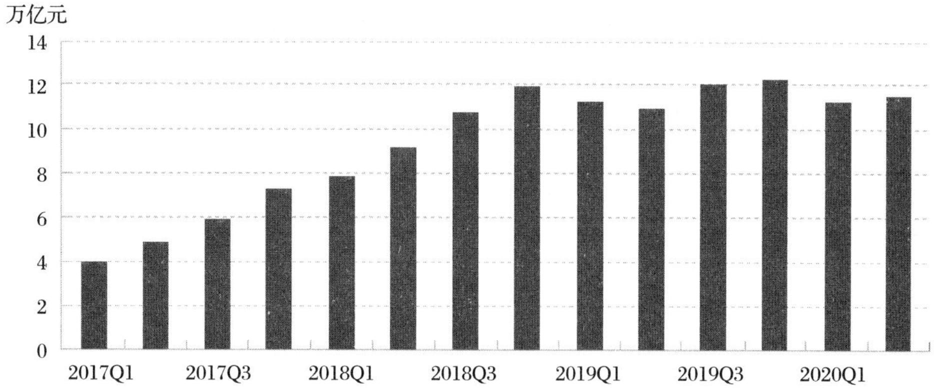

图2 票据背书量增长情况

三是贴现量保持较快增长，月度规模有所下滑。6月末，全市场票据贴现余额9.7万亿元，同比增长20.48%，增速较年初下降3.55个百分点。上半年，全市场累计贴现7.86万亿元，同比增长24.23%，但第二季度以来贴现量有所下滑。

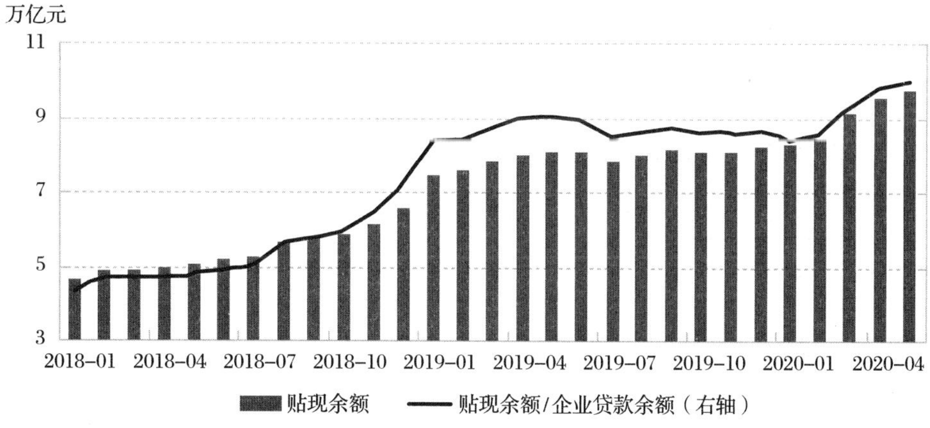

图3 票据贴现余额在企业贷款余额中的占比变化

（二）市场交易总体活跃，回购交易占比上升

一是交易规模同比提升，但月度规模明显回落。上半年，全市场累计交易商业汇票34.83万亿元，同比增长28.0%。从近期走势看，4月、5月、6月市场交

易量分别为7.75万亿元、6.02万亿元和5.25万亿元，逐月下滑较为明显。

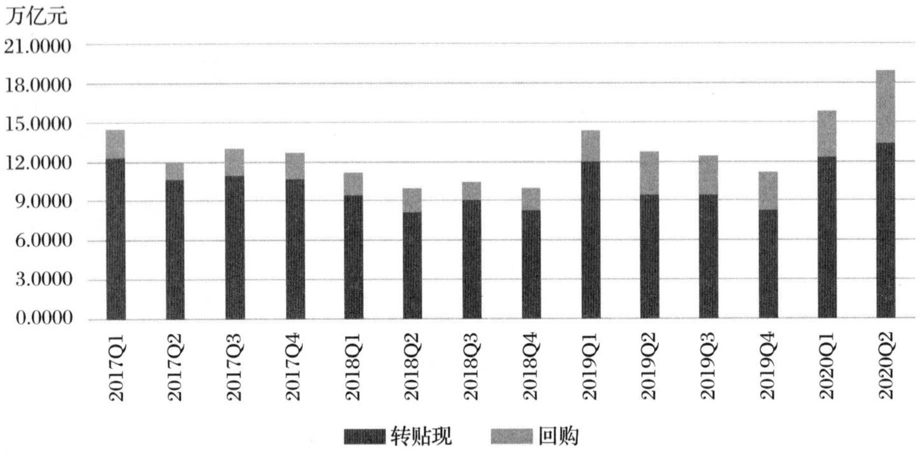

图4　票据交易量增长情况

二是回购交易规模占比持续上升。上半年，全市场转贴现、回购累计发生额为25.51万亿元和9.32万亿元，占比分别为73.23%和26.77%，回购占比较上年同期提高4.65个百分点。4月、5月、6月回购交易量分别为1.85万亿元、2.21万亿元和1.67万亿元，总体呈现先升后降态势。

（三）市场利率先降后升，政策传导效率较高

一是交易端利率同比下行、环比回升。6月，票据转贴现加权平均利率为

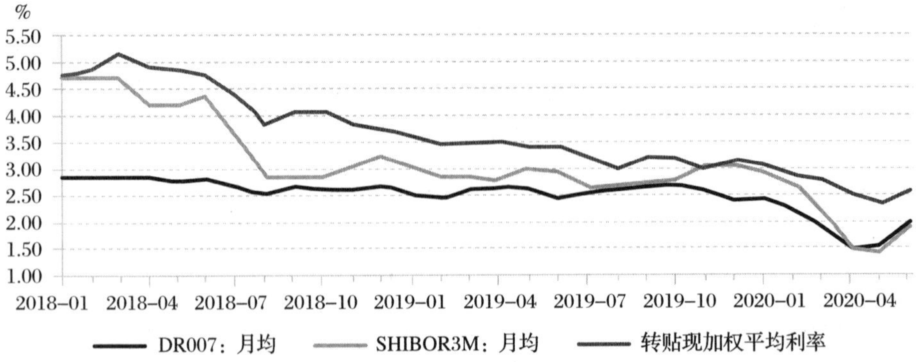

图5　转贴现加权平均利率与货币市场主要利率品种走势

2.56%，较上年同期和上年末分别下降87个和55个基点；质押式回购加权平均利率为1.98%，较上年同期和上年末分别下降26个和42个基点。4月至6月，转贴现和质押式回购利率均呈现逐月回升态势，与货币市场其他利率品种走势一致。

二是贴现端利率同步变化。6月，票据贴现加权平均利率为2.83%，较上年同期和上年末分别下降80个和41个基点，较同期LPR（1年期）低102个基点，较好地实现了降低企业融资成本的政策目标。

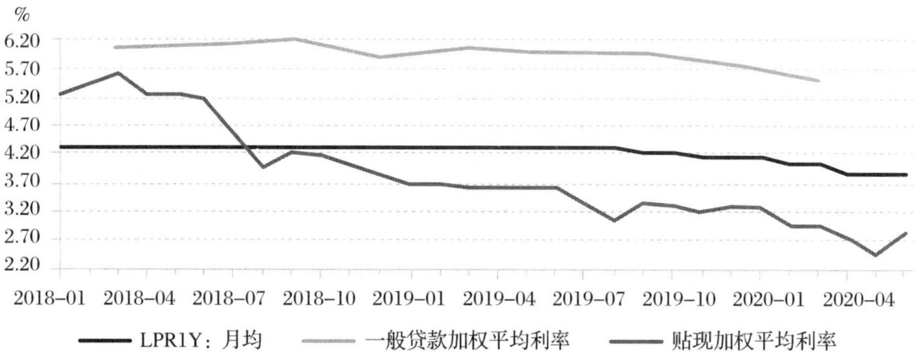

图6 票据贴现利率与一般贷款利率走势比较

四、发展趋势

上半年票据市场充分发挥自身机制灵活、反应迅速的市场化特点，在全面抗击新冠肺炎疫情的过程中有效支持企业复工复产。在当前宏观经济企稳回升势头明朗化、逆周期调控更加突出“精确直达”、金融改革不断深化的背景下，下半年票据市场所面临的外部环境将进一步优化。一方面，票据市场连接货币政策和实体企业，特别是中小微企业，供求对接和政策传导效率明显较高，在货币政策更加突出“结构性”的情况下，票据市场规模将持续扩大；另一方面，随着供应链平台、标准化票据等创新业务上线运行，中小微企业应收账款的规范性、周转率和融资可得性将进一步提高，市场投资的参与度和覆盖面也将得到有效的提高与拓展，推动票据市场投融资服务功能提质增效。

2020年上半年
票据交易运行情况

上海票据交易所

本文从票据交易量、交易品种结构和期限结构、利率走势变化、交易主体类型等角度对2020年上半年票据交易运行情况进行了分析。

■2020年上半年票据交易运行平稳，交易量同比上升28%，3月至5月，每月日均交易量均超3000亿元，创纸电交易融合以来每月日均交易量新高。

■在交易品种和期限结构方面，转贴现交易占比超过70%，转贴现交易期限结构以半年期与足年期为主；质押式回购交易期限结构以隔夜与7天为主，占比接近八成。

■在交易利率方面，转贴现利率与质押式回购利率均呈现先降后升趋势，电票转贴现利率、隔夜与7天质押式回购利率均于4月创2019年以来新低。

■在交易主体类型方面，股份制商业银行和非法人产品交易量占比同比下降。

一、2020年上半年票据交易总体运行平稳

2020年上半年，票据交易量为34.83万亿元，同比增长28%。从票据介质来看，电子票据（以下简称电票）交易量为34.83万亿元，同比增长28.28%，占比

99.99%；纸质票据（以下简称纸票）交易量为50.72亿元，同比下降91.90%，占比0.01%。

从每月交易量变化情况来看，受春节和新冠肺炎疫情因素影响，1月和2月交易量共8.18万亿元，同比下降12.82%；3月至4月，承兑、贴现业务增长较快，票据市场票源供给充足，促进交易活跃度明显提升，其中：3月交易量为7.63万亿元，同比增长51.82%；4月交易量为7.75万亿元，同比增长70.56%；5月和6月交易量增速有所放缓，但是同比增长仍超过35%。

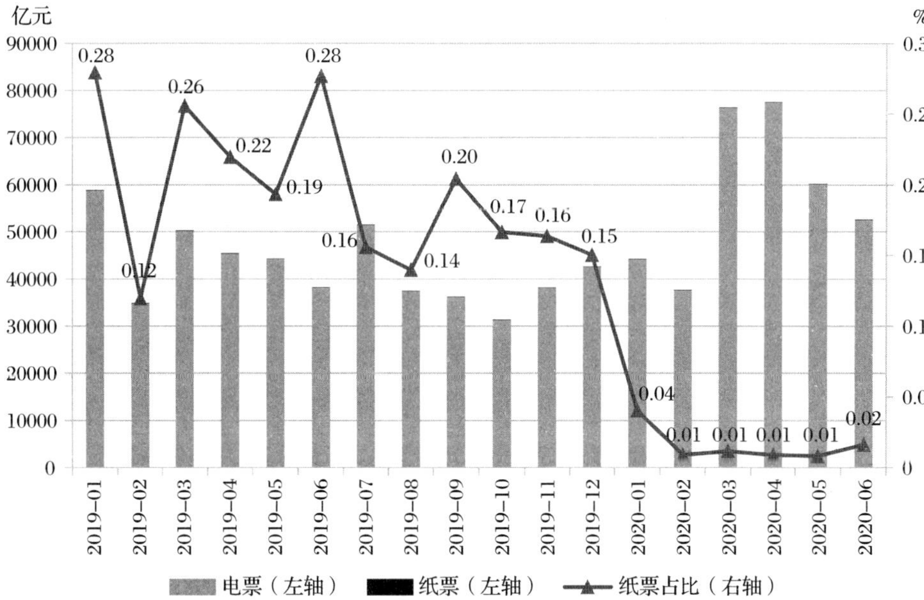

图1 每月票据交易情况（按票据介质）

从每月日均交易量来看，除1月和2月之外，其他月份日均交易量均实现同比增长，其中，4月和5月日均交易量同比增长超过50%，分别为70.56%和50.06%。3月至5月，每月日均交易量均超3000亿元，创纸电交易融合以来新高，也是首次超过3000亿元。在此之前（纸电交易融合后），每月日均交易量最高值出现在2019年1月，为2677.58亿元。

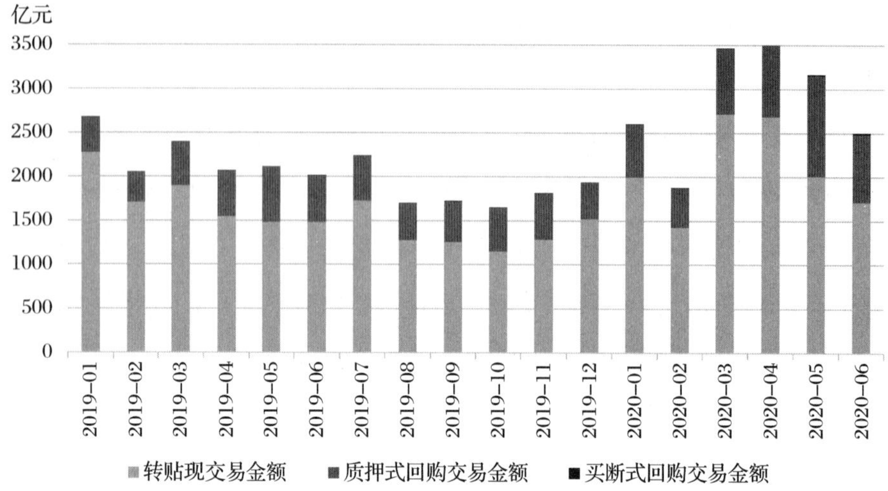

图2 每月日均票据交易情况

从单日交易量变化来看，2020年上半年日均交易量为2878.68亿元，同比增长29.06%。受新冠肺炎疫情影响，春节后第一周（2月3日至2月7日）交易活

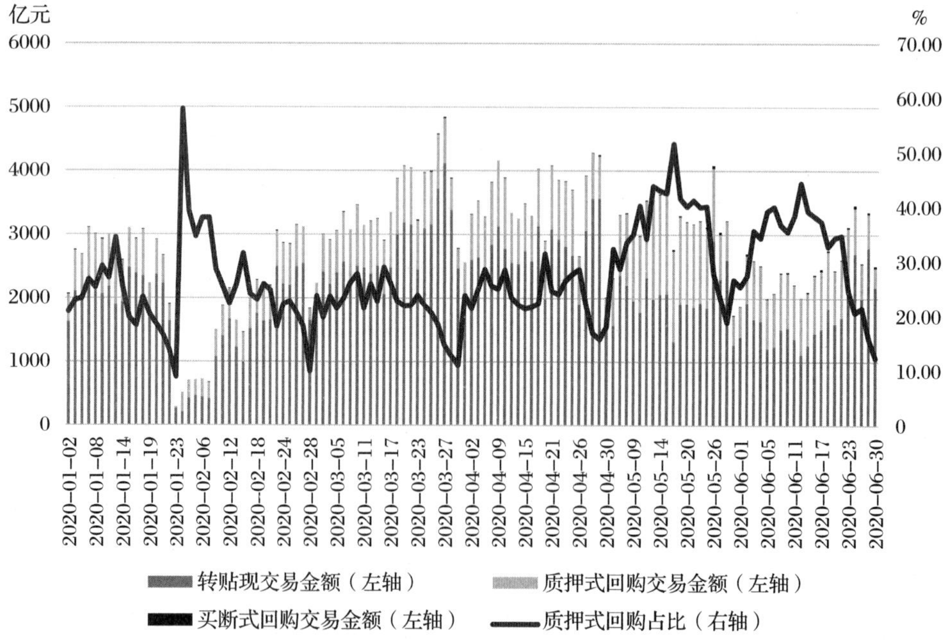

图3 单日票据交易情况

跃度较低，单日交易量均低于800亿元，自2月10日起，单日交易量逐步回升，2月下旬已恢复至春节前水平。2020年上半年单日交易量最高值出现在3月27日，达到4846.47亿元，创纸电交易融合以来新高，2019年单日交易量最高值出现在2019年3月28日，为4102.26亿元。

从单日交易量分布来看，2020年上半年共有121个交易日，其中，51个交易日单日交易量集中在3000亿元至4000亿元区间，45个交易日单日交易量集中在2000亿元至3000亿元区间，两个区间的交易日数量占总交易日数量的79.34%。单日交易量在4000亿元以上的有10个交易日（2019年全年仅有1个交易日）；单日交易量在2000亿元以下的有15个交易日，主要分布在2月和6月初。

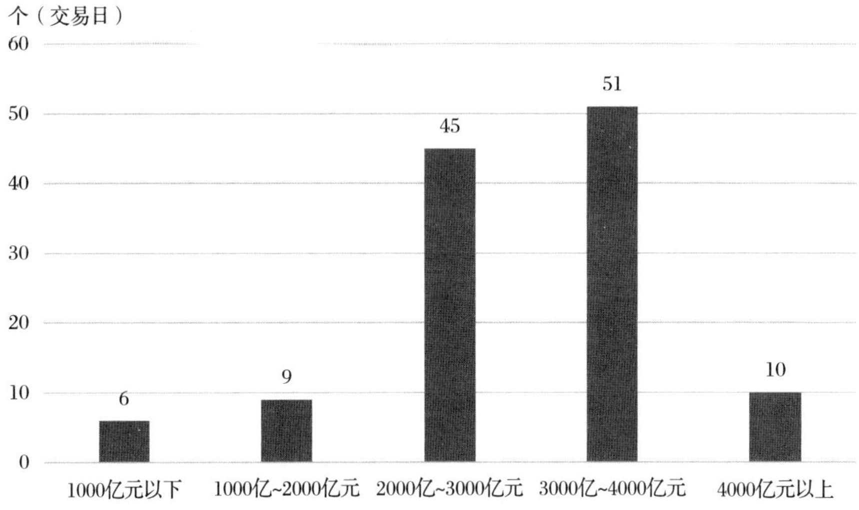

图4 单日交易量分布直方图

二、各交易品种交易量均实现增长

2020年上半年，票据交易量同比增加7.62万亿元，其中，转贴现交易量同比增加4.32万亿元，占交易增量的56.63%；质押式回购交易量同比增加3.23万亿元，占交易增量的42.40%；买断式回购交易量同比增加739.88亿元，占交易增量的0.97%。

从票据交易品种来看，转贴现是最主要的交易品种。2020年上半年转贴现交易量为25.51万亿元，同比增长20.36%，占交易总量的73.23%；质押式回购交易量9.22万亿元，同比增长53.96%，占交易总量的26.46%，同比上升4.46个百分点；买断式回购交易量为1076.24亿元，同比增长219.97%，占交易总量的0.31%。

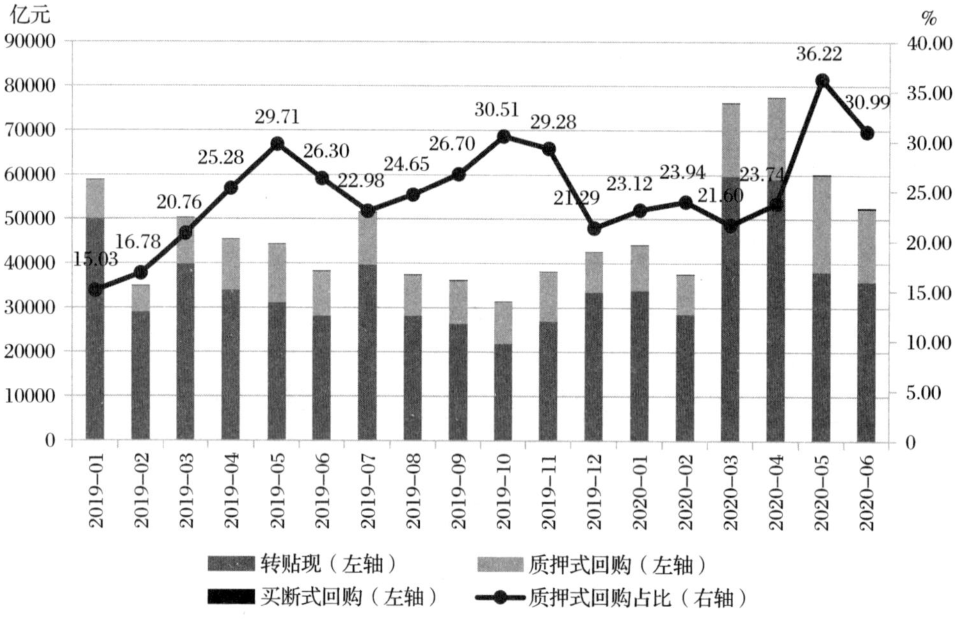

图5　每月票据交易情况（按交易品种）

从票据内外部交易来看，2020年上半年转贴现内部交易量为11.24万亿元，同比增长25.88%，占转贴现交易量的44.06%；转贴现外部交易量为14.27万亿元，同比增长16.34%，占转贴现交易量的55.94%。

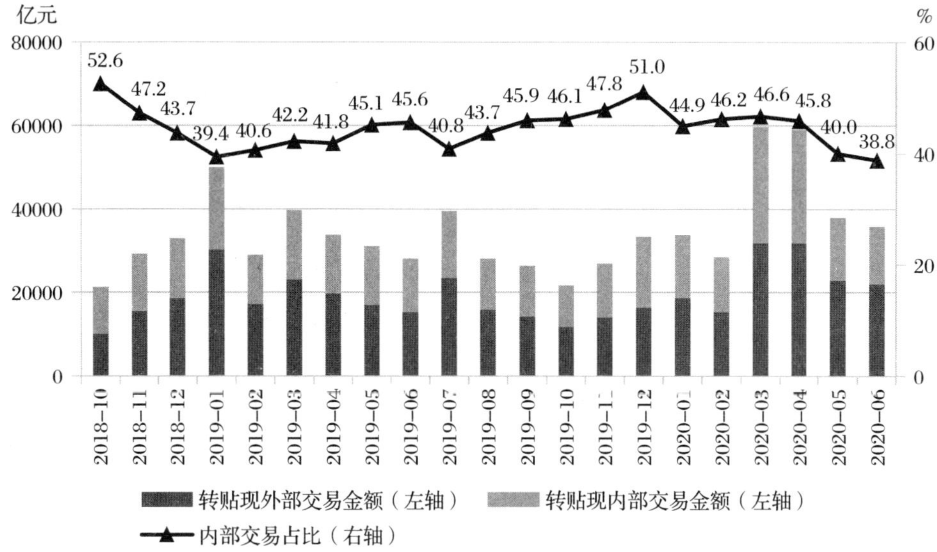

图6 每月转贴现内外部交易情况

从票据类别来看，2020年上半年银票转贴现交易量为23.74万亿元，同比增长21.53%，占转贴现交易量的93.06%；商票转贴现交易量为1.77万亿元，同比

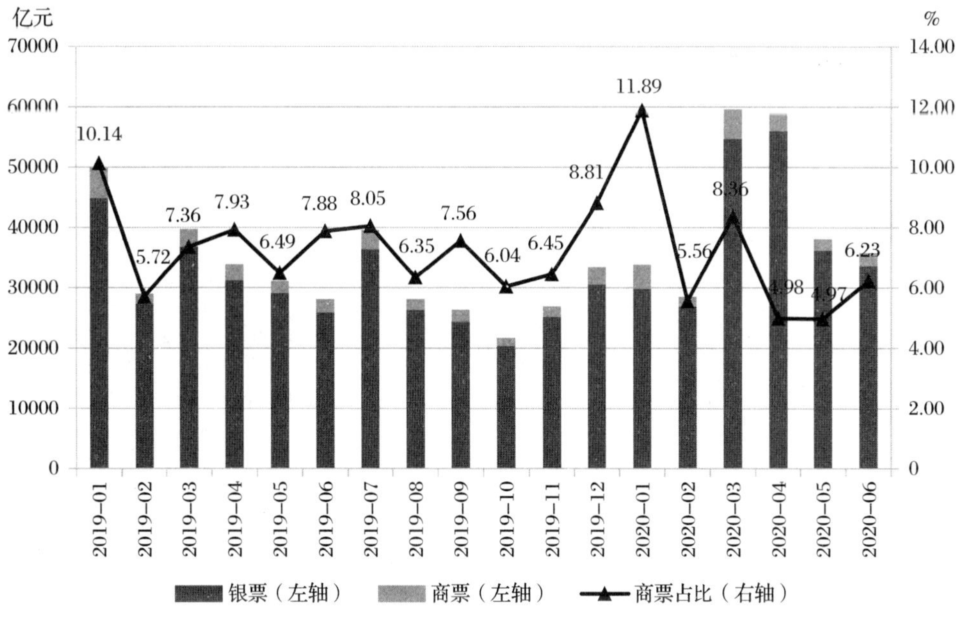

图7 每月转贴现交易情况（按票据类别）

增长6.63%，占转贴现交易量的6.94%，同比下降0.89个百分点。

从票据交易期限结构来看，2020年上半年转贴现交易期限品种主要集中在6M（3个月至6个月期）和1Y（9个月至1年期），6M和1Y转贴现交易量占比分别为22.51%和39.31%，两者合计占比超过六成。

表1 2020年上半年转贴现交易情况（按期限品种）

期限品种	交易笔数（笔）	交易量（亿元）	交易量占比（%）
1M	19723	21711.60	8.51
3M	29214	24733.47	9.70
6M	72004	57407.40	22.51
9M	27972	50940.71	19.97
1Y	85764	100277.94	39.31
合计	234677	255071.12	100.00

2020年上半年，质押式回购交易量快速增长，其中，5月质押式回购交易量达2.18万亿元，创纸电交易融合后质押式回购单月交易量新高，占当月交易

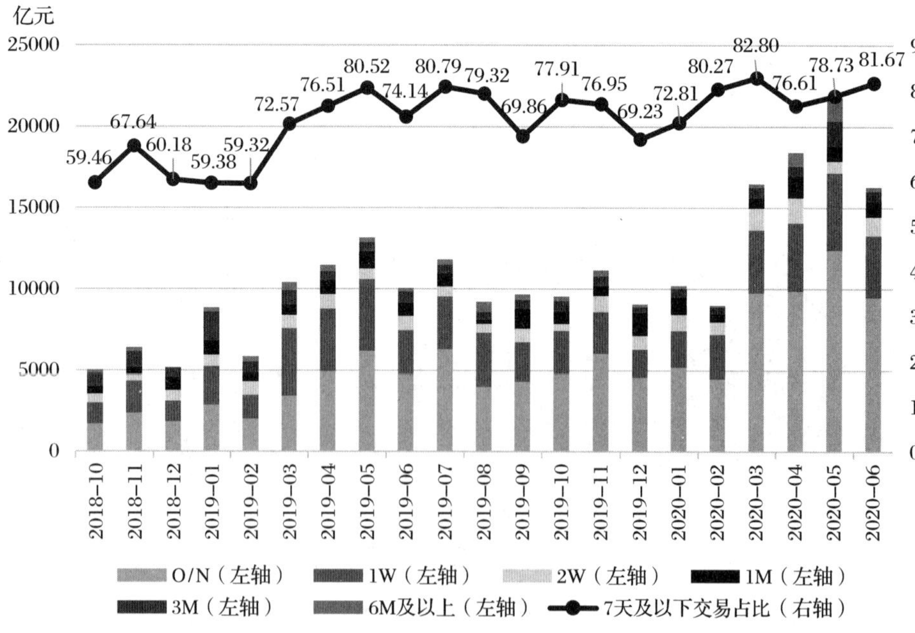

图8 纸电交易融合后质押式回购交易情况（分期限）

总量的36.22%。同时，质押式回购交易短期化特征显著，隔夜与7天期限质押式回购交易量占比达79.05%，其中，2月、3月和6月占比均突破80%，其中，3月占比达82.80%，创纸电交易融合后新高。

表2　2020年上半年质押式回购交易情况（按期限品种）

期限品种	交易笔数（笔）	交易量（亿元）	交易量占比（%）
O/N	10006	51206.85	55.56
1W	4907	21654.42	23.49
2W	1611	6488.00	7.04
1M	1458	5400.54	5.86
3M	920	4422.80	4.80
6M及以上	537	3000.11	3.25
合计	19439	92172.72	100.00

三、市场流动性合理充裕，转贴现利率与质押式回购利率均呈现先降后升趋势

2020年上半年，为统筹疫情防控和经济社会发展，人民银行实施稳健的货币政策，综合运用多种货币政策工具，保持流动性合理充裕。2月初，超预期投放1.7万亿元短期流动性；上半年累计3次降低存款准备金率，共释放长期资金约1.75万亿元，并于4月下调超额存款准备金率至0.35%；3月30日，人民银行7天逆回购中标利率下降至2.2%，上半年累计下降30个基点；上半年共增加1.8万亿元再贷款再贴现额度。随着各项经济数据逐渐好转，自5月中旬起，人民银行公开市场操作力度有所减弱，加之国债和地方债发行规模加大以及企业对资金需求上升，市场流动性逐渐收紧，资金价格持续上涨。

票据市场转贴现利率从年初起持续下行，至5月达到纸电交易融合以来的最低点，月加权平均利率由1月的2.98%降至5月的2.21%；自5月下旬起，转贴现利率持续上涨，6月加权平均利率回升至2.54%。转贴现利率与贴现利率走势

相似，第二季度转贴现利率与贴现利率平均价差有所增加，约为28个基点。

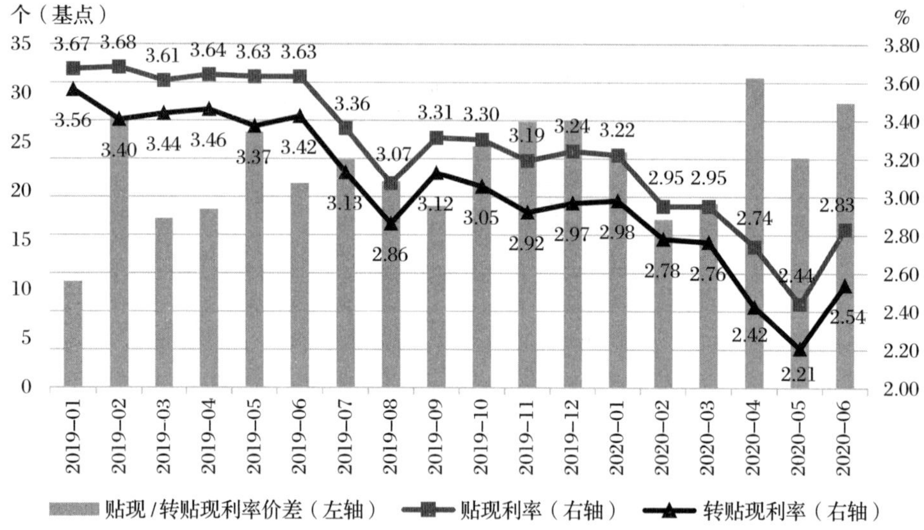

图9　电票转贴现、贴现利率走势

分期限结构来看，1M电子银票转贴现利率与1Y电子银票转贴现利率走势基本相同，前者波动更大。上半年转贴现利率总体呈现先降后升趋势，在春

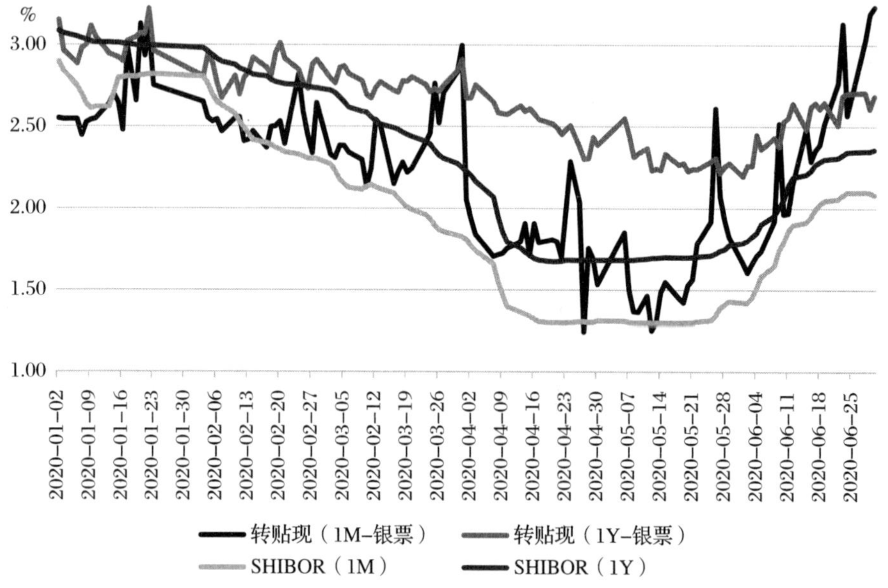

图10　电票转贴现利率、Shibor比较

节前和第一季度末等特殊时点，利率出现回升；自5月下旬起，转贴现利率持续上涨，1M转贴现利率上涨较快，与1Y转贴现利率在6月下旬出现倒挂。票据转贴现利率与同期限Shibor走势大体一致，但是由于票据市场利率影响因素较多，除市场流动性之外，还受到票源供给和信贷规模等因素影响，因此，在部分时期走势存在一定差异，如3月，票据市场票源供给充足，买入票据需求旺盛，票据转贴现利率保持平稳，受季末因素影响，转贴现利率自3月下旬起走高，而同期限Shibor在3月呈现单边下行的走势。

2020年上半年，票据市场质押式回购利率与银行间同期质押式回购利率走势基本一致，均呈现先降后升趋势。票据市场隔夜和7天期限质押式回购利率在4月达到2019年以来最低值，分别为1.18%和1.31%，3个月期限质押式回购利率最低值为1.26%，出现在5月。除7天期限外，票据市场隔夜和3个月期限质押式回购利率总体高于同期限银行间同期质押式回购利率。

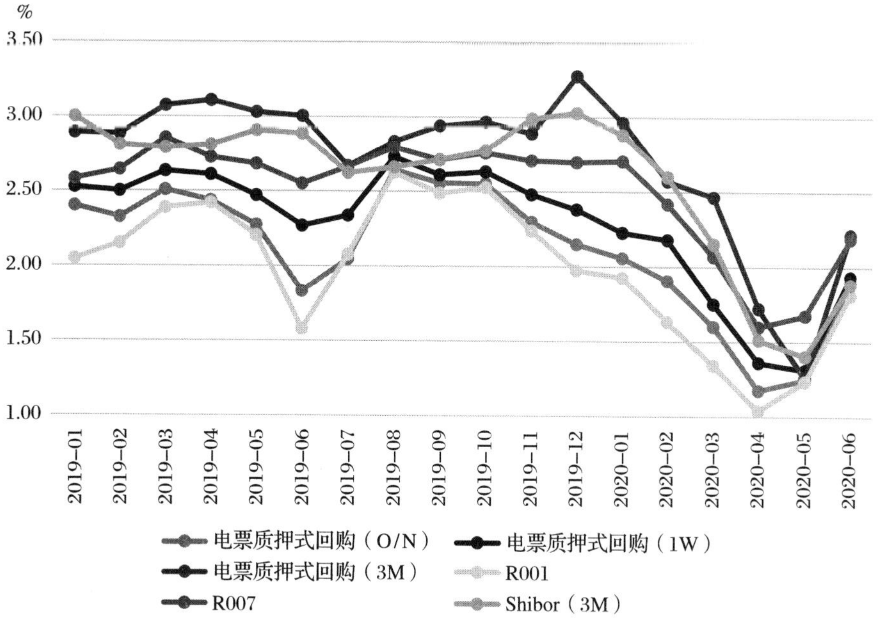

图11　电票质押式回购交易利率走势（按期限品种）

四、开展票据交易的会员和系统参与者数量再创新高

截至2020年6月末，累计通过中国票据交易系统开展交易的会员共2053家，系统参与者共9269家。3月，开展票据交易的会员与系统参与者数量创纸电交易融合后新高，分别达1571家和5396家。

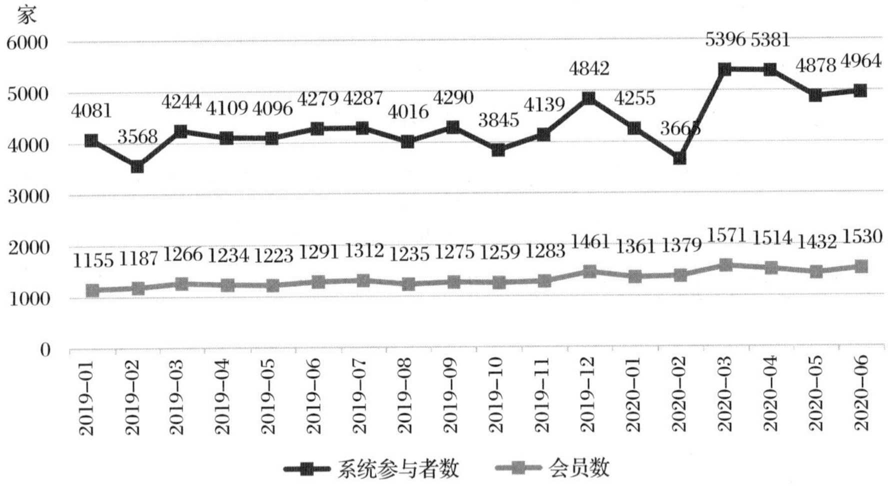

图12 每月交易会员数与系统参与者数

从交易主体类型来看，2020年上半年，股份制商业银行、城市商业银行和国有商业银行是最主要的市场参与主体，参与的交易占市场交易总量的八成以上，其中：在转贴现交易中，股份制商业银行是主要的票据净卖出方，农村金融机构与非法人产品是主要的票据净买入方；在质押式回购交易中，国有商业银行是主要的资金净融出方，城市商业银行和非银行类会员是主要的资金净融入方。

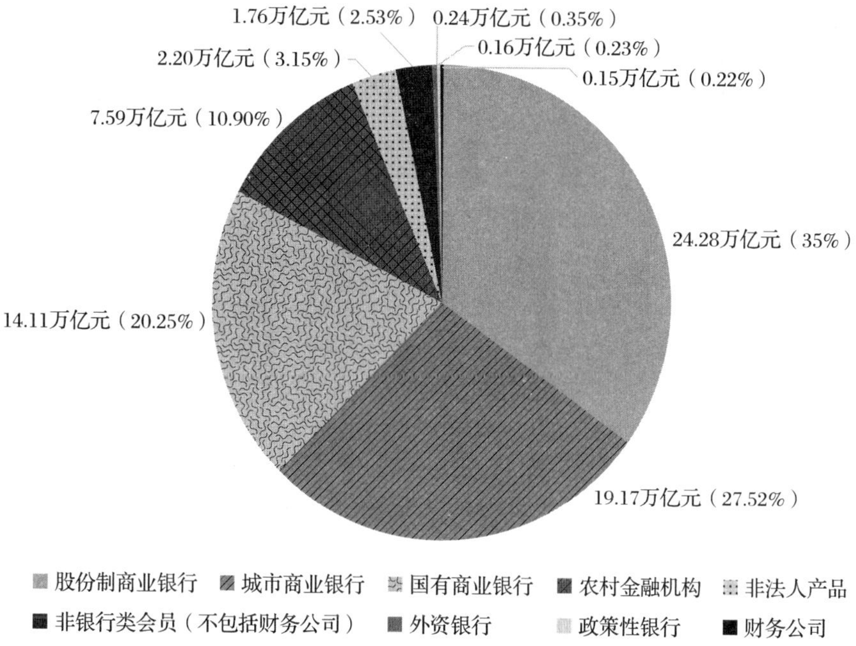

图13 2020年上半年交易主体类型分布

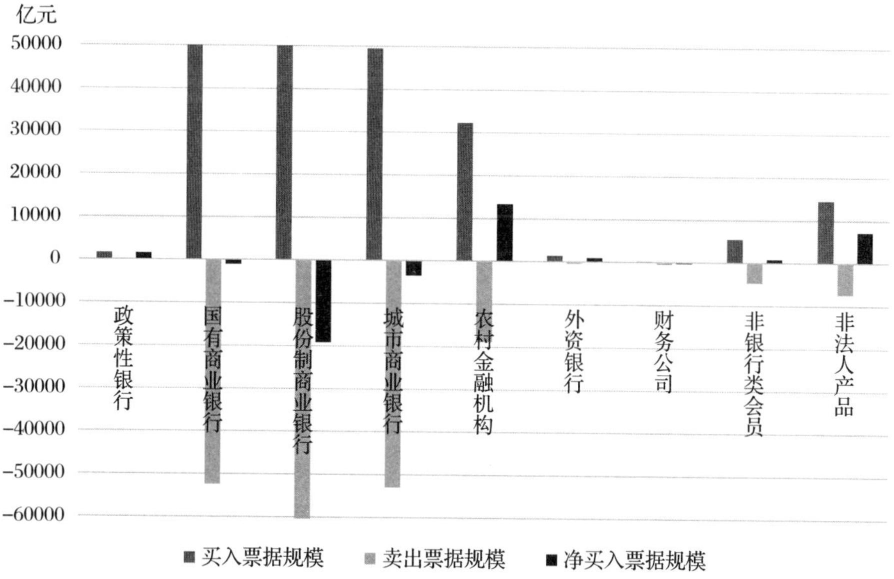

图14 2020年上半年转贴现交易各类型金融机构票据买入情况

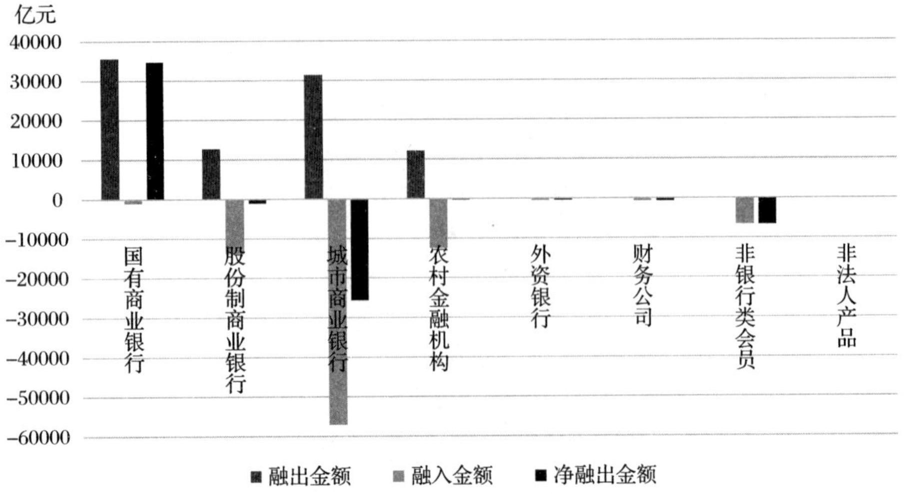

图15 2020年上半年质押式回购交易各类型金融机构资金融出情况

从交易量占比变化情况来看，与上年同期相比，股份制商业银行和非法人产品占比有所下降，分别下降4.45个和1.44个百分点。国有商业银行、城市商业银行、农村金融机构及非银行类会员占比均有所提升，其中，非银行类会员占比上升1.83个百分点。

表3 2020年上半年交易主体类型分布情况

排名	机构类型	分布比例	
		2020年上半年	2019年上半年
1	股份制商业银行	34.85%	39.30%
2	城市商业银行	27.52%	25.48%
3	国有商业银行	20.25%	19.57%
4	农村金融机构	10.90%	9.43%
5	非法人产品	3.15%	4.59%
6	非银行类会员（不包括财务公司）	2.53%	0.70%
7	外资银行	0.35%	0.54%
8	政策性银行	0.23%	0.20%
9	财务公司	0.22%	0.19%

2020年上半年
票据托管运行情况

上海票据交易所

2020年1月至6月，票据托管业务总体保持稳步增长，受季节因素、政策因素等影响，第二季度以来呈现回落态势。托管票据承兑、贴现机构以国有商业银行、股份制银行和城商行为主，主要分布在江浙粤等东部地区。票面金额100万~500万元的占比明显上升。托管票据半年以内期限的占比有所下降。

2020年6月末，票据托管余额进一步增加。银行承兑汇票、电子票据平均票面金额有所增长。托管票据持有者类型结构发生变化，股份制银行持票金额超过国有商业银行，跃居首位。持票规模逾百亿元的机构数量大幅增加，新增机构近半为非银机构和非法人产品，非法人产品和非银机构持票金额持续走高。票据持有机构仍然集中于广东、江苏、浙江、上海和北京。未结清逾期票据增幅较大，商票比重增加。票据剩余期限集中在半年以内。

一、票据托管运行情况

（一）票据托管发生额情况

1. 票据登记托管量稳步增长。上半年，共有13601家市场参与者完成票据权属登记365.79万张，同比增长10.87%，环比下降1.72%；金额7.85万亿元，同比增长21.80%，环比增长28.08%。上半年，托管票据到期结清361.79万张，同比增长29.63%；金额6.30万亿元，同比增长31.02%。

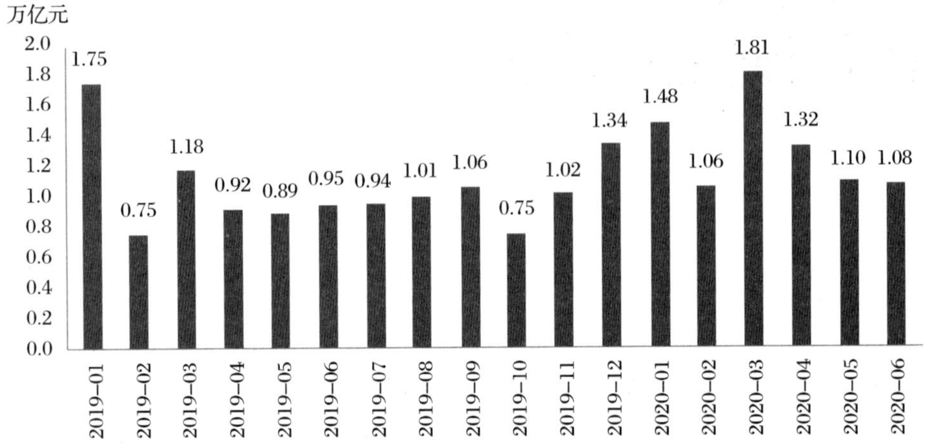

图1　2019年以来月度票据登记托管量

从托管票据种类看，银行承兑汇票张数占比96.13%，同比减少0.41个百分点；金额占比93.10%，同比增长0.99个百分点；平均票面金额207万元，同比增长11.51%，环比增长31.30%。商业承兑汇票平均票面金额382万元，同比减少14%，环比增长11.02%。

从托管票据介质看，电子票据张数占比98.51%，同比增长2.55个百分点；金额占比99.77%，同比增长0.47个百分点；平均票面金额217万元，同比增长7.52 %，环比增长29.42%。纸质票据平均票面金额33万元，同比减少2.39%，环比减少2.97%。

表1　2020年上半年票据登记托管量（按种类和介质）

	张数（万张）	张数占比（%）	金额（万亿元）	金额占比（%）
银行承兑汇票	351.65	96.13	7.30	93.10
商业承兑汇票	14.15	3.87	0.54	6.90
电子票据	360.34	98.51	7.83	99.77
纸质票据	5.45	1.49	0.02	0.23

2. 托管票据承兑、贴现机构以国有商业银行、股份制商业银行和城市商业银行为主，主要分布在江苏、广东及浙江等东部地区。

上半年托管票据中，从承兑机构类型看，股份制商业银行居首，张数占比42.20%，同比增长1.37个百分点；金额占比47.53%，同比增长3.14个百分点；其次为城市商业银行和国有商业银行。承兑机构主要分布在江苏、广东、浙江及山东等省份。

从贴现机构类型看，以国有商业银行、股份制商业银行和城市商业银行为主，张数占比分别为31.01%、30.00%和22.70%，合计为83.71%，同比减少0.16个百分点；金额占比分别为24.44%、40.15%和23.45%，合计为88.04%，同比增长3.07个百分点。贴现机构也主要分布在江苏、广东及浙江等省份。

3. 票面金额100万~500万元的占比明显上升。上半年托管票据中，票面金额在100万元以下的张数占比72.97%，同比减少4.17个百分点；金额占比11.07%，同比减少1.93个百分点。500万元以上的张数占比7.63%，同比增长0.65个百分点；金额占比56.58%，同比减少4.22个百分点。100万~500万元的票据占比明显上升。

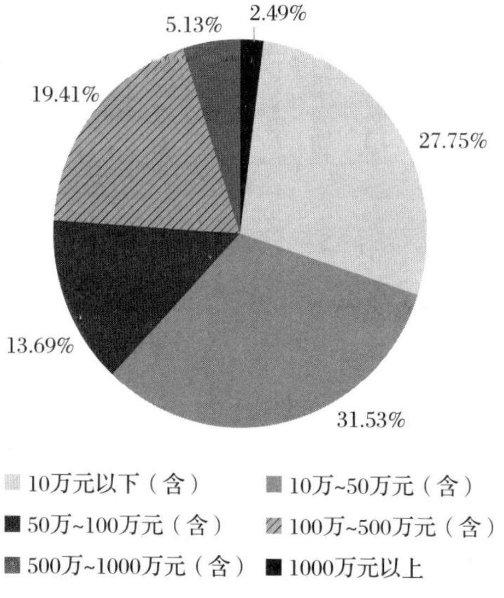

图2 托管票据票面金额结构（张数）

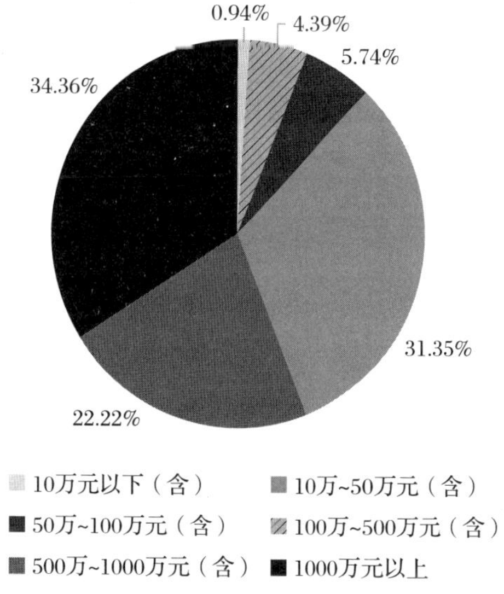

图3 托管票据票面金额结构（金额）

4. 托管票据半年以内期限的占比有所下降。上半年托管票据中，180天以内的占比有所下降。其中，张数267.10万张，占比73.02%，同比减少8.55个百分点，环比减少7.14个百分点；金额2.55万亿元，占比32.47%，同比减少8.99个百分点，环比减少12.23个百分点。

（二）票据托管余额情况

1. 票据托管余额进一步增加。6月末，共有11936家市场参与者托管票据318.26万张，同比增长18.54%，较上年末增长1.27%；托管余额9.79万亿元，同比增长20.57%，较上年末增长18.70%；平均票面金额307万元，同比增长1.71%，较上年末增长17.21%。

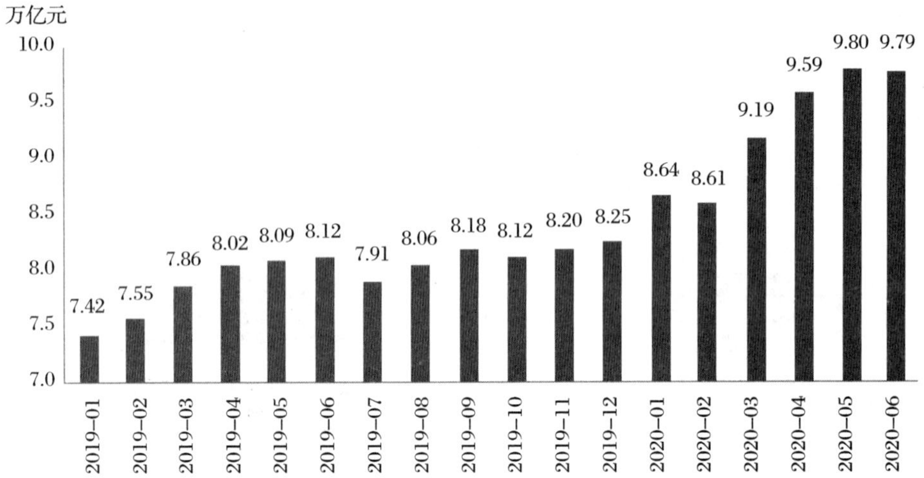

图4 2019年以来月度票据托管余额

从托管票据种类看，银行承兑汇票张数占比95.28%，同比减少0.25个百分点，环比增长0.4个百分点；金额占比92.20%，同比增长0.54个百分点，环比增长0.53个百分点；平均票面金额298万元，同比增长2.58%，环比增长18.38%。商业承兑汇票平均票面金额509万元，同比减少9.89%，环比增长0.50%。

从托管票据介质看，电子票据张数占比98.74%，同比增长1.63个百分点，环比增长0.23个百分点；金额占比99.80%，同比增长0.21个百分点，环比增长0.09个百分点；平均票面金额311万元，同比增长0.24%，环比增长17.04%。纸质票据平均票面金额49万元，同比增长15.24%，环比减少2.87%。

表2　2020年6月末票据托管余额（按种类和介质）

	张数（万张）	张数占比（%）	金额（万亿元）	金额占比（%）
银行承兑汇票	303.25	95.28	9.03	92.20
商业承兑汇票	15.01	4.72	0.76	7.80
电子票据	314.24	98.74	9.77	99.80
纸质票据	4.02	1.26	0.02	0.20

2. 持有者类型结构上，股份制银行持票金额跃居首位。6月末，从持有者类型看，股份制商业银行、国有商业银行、农商行和农合行、城市商业银行票据持有余额居前，张数合计占比86.90%，同比减少0.41个百分点，环比减少3.36个百分点；金额合计占比81.71%，同比减少2.15个百分点，环比减少5.21个

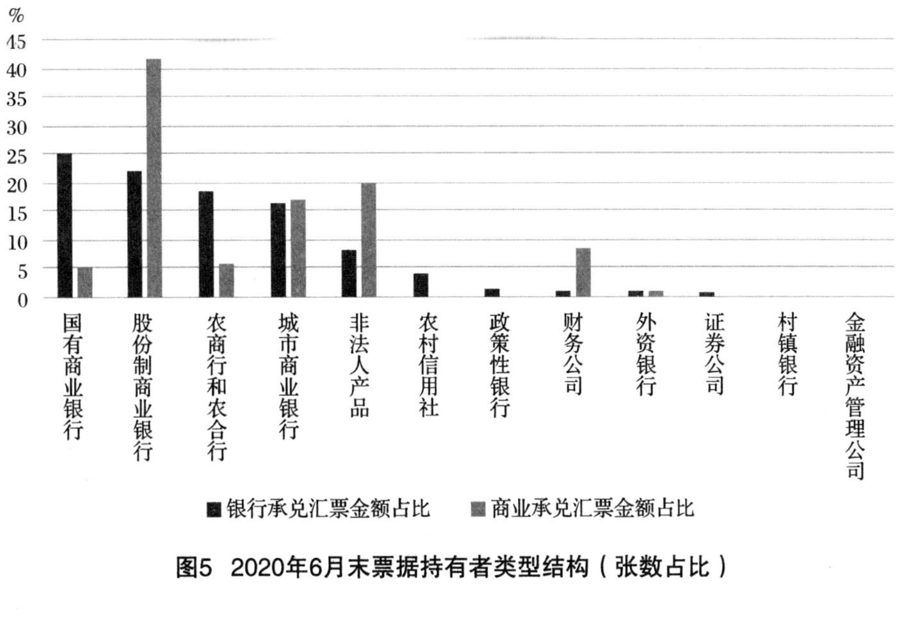

图5　2020年6月末票据持有者类型结构（张数占比）

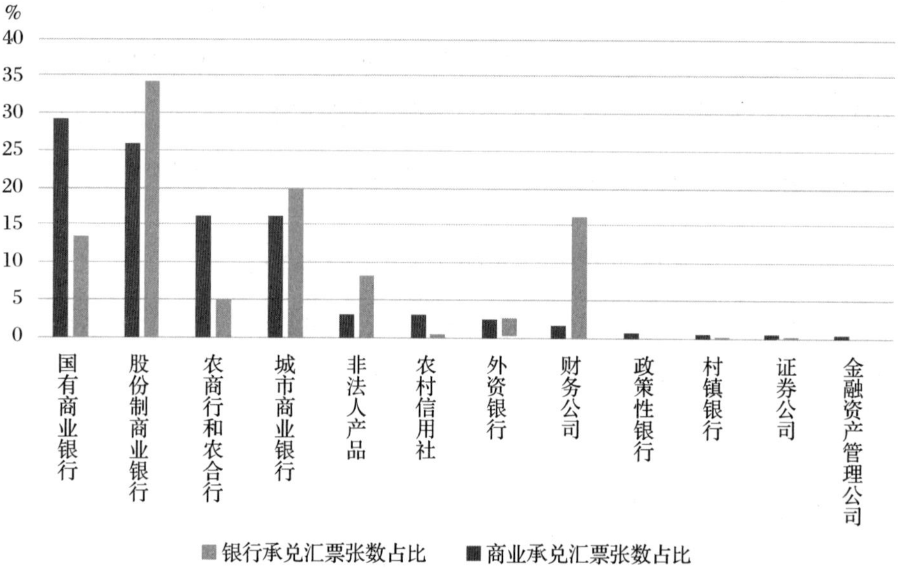

图6 2020年6月末票据持有者类型结构（金额占比）

百分点。其中，股份制商业银行持票金额占比为23.68%，略高于国有商业银行0.04个百分点。

分结构看，银行承兑汇票持有主体以国有商业银行和股份制商业银行为主，金额合计占比47.30%，同比减少3.88个百分点，环比减少7.14个百分点；商业承兑汇票持有主体以股份制银行和非法人产品为主，金额合计占比62.56%，同比增长4.97个百分点，环比增长5.08个百分点。

3. 持有者省份结构上，集中于广东、江苏、浙江、上海和北京，辖内机构持有票据占比持续位居前五位。6月末，票据持有机构所属省份仍较为集中。从票据张数看，广东、江苏、浙江、上海和北京辖内机构持有票据居前五位，合计占比48.54%，同比增长3.1个百分点，环比增长0.51个百分点；从票据金额看，广东、上海、江苏、北京和浙江辖内机构持有票据居前五位，合计占比47.60%，同比增长4.97个百分点，环比增长3.42个百分点。

从平均票面金额看，重庆和浙江所辖机构持有票据平均面额在200万元以下；青海、西藏、甘肃、云南和北京所辖机构持有票据平均面额在450万元以上。

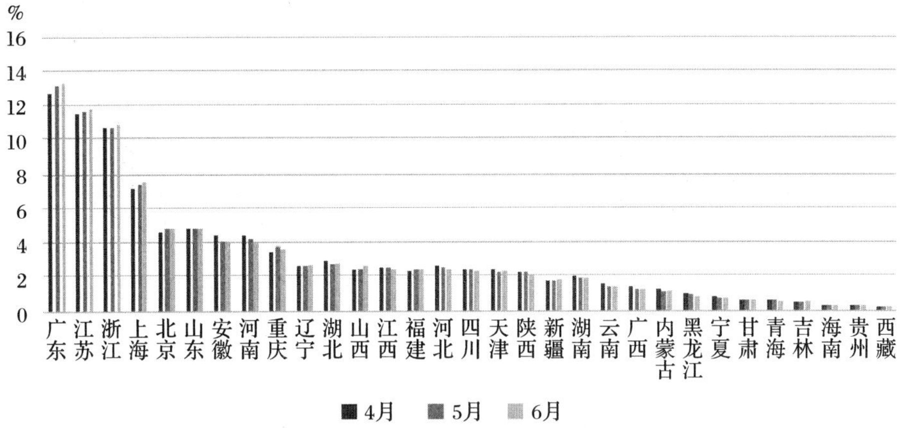

图7　2020年4~6月末票据持有者省份结构（张数占比）

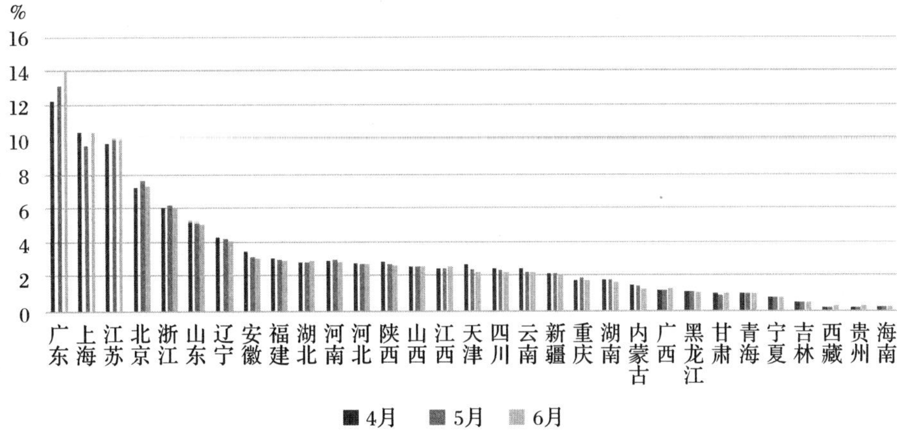

图8　2020年4~6月末票据持有者省份结构（金额占比）

4.托管票据剩余期限集中在半年以内。6月末，托管票据剩余期限集中在180天以内的，张数占比78.17%，环比增长7.81个百分点；金额占比57.37%，环比减少19.94个百分点，平均票面金额226万元。剩余期限在180天以上的托管票据平均票面金额601万元。

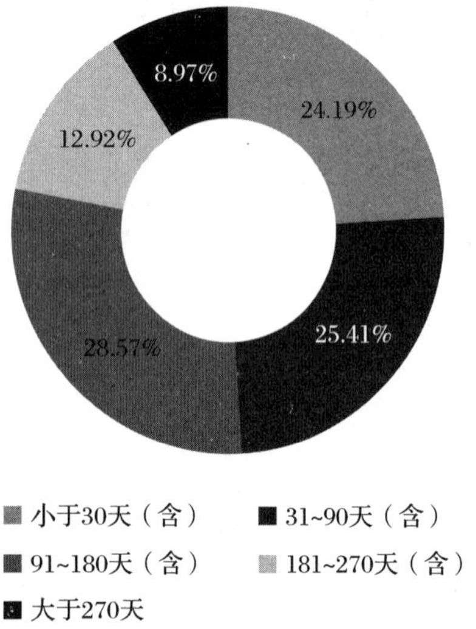

图9　托管票据剩余期限结构（张数）

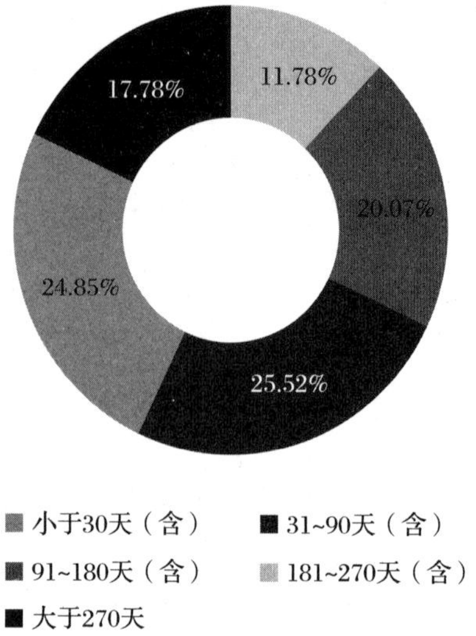

图10　托管票据剩余期限结构（金额）

二、票据托管运行特点

（一）上半年票据托管业务总体保持稳步增长，受季节因素、政策因素等影响，第二季度以来呈现回落态势

上半年，票据托管发生额7.85万亿元，同比增长21.80%，其中，第二季度票据托管发生额3.49万亿元，环比呈现下降态势，降幅达19.74个百分点；从月度情况看，4月、5月、6月票据托管发生额分别为1.32万亿元、1.10万亿元和1.08万亿元，呈现逐级下滑态势。6月末，票据托管余额9.79万亿元，较上年末增长18.70%，较上季度末增长6.54%，增速明显放缓；从月度情况看，6月末票据托管余额较上月末减少0.01万亿元。

第二季度以来票据托管业务呈现回落态势的主要原因如下：一是第二季度属于票据淡季，企业签发、使用票据需求相对较少，市场票源增长放缓。二是第二季度以来逆周期货币政策调控力度和频度减弱，5月下旬以来市场资金价格明显回升，贴现利率低位震荡后持续上行，影响企业通过票据贴现获得融资的需求。三是金融管理部门对部分银行进行窗口指导加大一般贷款投放力度等政策，对票据资产规模形成挤压效应。

（二）托管票据持有者类型结构发生变化，股份制商业银行持票金额超过国有商业银行，非法人产品和非银机构持票金额持续走高

2019年末，股份制商业银行持票金额为20919亿元，金额占比为25.36%；国有商业银行持票金额为23553亿元，金额占比为28.55%。2020年6月末，股份制商业银行持票金额为23185亿元，金额占比为23.68%；国有商业银行持票金额为23154亿元，金额占比为23.64%。股份制商业银行持票金额略超过国有商业银行，跃居首位。

6月末，非法人产品持票金额为9024亿元，金额占比为9.21%；较上季度末分别增长3021亿元、2.68个百分点；较上年末分别增长5650亿元、5.12个百分点。非银机构持票金额为683亿元，金额占比为0.7%；较上季度末分别增长372亿元、0.36个百分点；较上年末分别增长582亿元、0.58个百分点。6月末，存在托管余额的非银机构及资管类机构38家，较上年末增加17家；持有票据金额超过100亿元非银机构和非法人产品为31家，较上年末增加23家，在新增持票金额超过100亿元机构总数中的占比达48%。

托管票据持有者结构发生变化的主要原因如下：一是国有商业银行持票金额小幅减少，绝大多数股份制商业银行持票金额均实现正向增长，导致股份制商业银行持票金额占比跃居首位，这或与近年来股份制商业银行加大贴现业务发展力度、通过贴现来弥补一般贷款投放受疫情不利影响有关。二是持有票据的非法人产品和非银机构数量以及持票金额持续走高，与商业银行表内票据资产规模受压通过非法人产品承接，以及非银机构参与票据市场积极性增强、加大票据资产配置力度有关。

市场研究

供应链商票业务创新发展与风险防控

汪武超　施柔薇[①]

上海票据交易所（以下简称票交所）成立以来，不断对票据市场机制、制度、系统等顶层设计和基础设施进行建设完善，推动了商业汇票（以下简称票据）全流程电子化发展。建立在商业信用基础上的商业承兑汇票（以下简称商票）作为企业应收应付账款票据化、化解企业间“三角债”的利器，未来随着商业信用信息披露机制的发展、商票兑付违约惩戒机制的完善、国务院开展央企“清欠”行动的推进、人民银行对应收账款票据化的政策推动，以及票交所票据供应链融资平台的搭建，其重要功能作用将会越来越凸显，在良好的政策和市场环境下将迎来新的发展机遇，服务于整个产业链的商票供应链融资必将成为票据市场的下一个风口。

一、基于企业信用的商票市场发展现状

票交所官网披露数据显示，2019年，全国累计商票签发量3.02万亿元，

① 作者简介：汪武超，招商银行总行票据业务部风险管理团队主管；施柔薇，现供职于招商银行厦门分行。

同比增长18.61%，年末未到期余额1.84万亿元，比年初增长21.56%。商票签发量和余额占全部票据（银票和商票）签发量和余额的比重分别为14.82%和14.45%。2019年，全国累计商票贴现量9400亿元，同比增长14.90%，年末贴现余额6393亿元，比年初增长3.78%，商票贴现量和余额占全部票据贴现量和余额的比重分别为7.55%和7.81%。

商票是建立在企业良好的商业信用基础上的远期结算和融资工具，其推广应用对我国实体经济和金融业发展意义重大：一是丰富企业支付手段，协调企业产供销关系；二是将企业应收账款“挂账”信用转化为票据信用，根据《中华人民共和国票据法》保障和维护供应商（持票人）的合法权益；三是促进银行信用和企业信用有机结合，解决企业间的“三角债”问题，缓解中小企业融资难、融资贵问题；四是商业信用票据化发展有利于建立和完善良好的信用机制，提高社会信用程度。从国际市场成熟经验以及我国票据市场发展趋势来看，随着市场经济的发展和商业信用环境的不断完善，企业通过商票进行支付、结算和融资，以及银行通过商票创新发展来拓宽盈利渠道的需求将快速增加，商票的功能作用和市场地位必将逐步提升，市场广度和深度都将得到进一步拓展。

二、商票供应链融资业务的四大特点

供应链融资，是指商业银行以产业链核心企业信用为依托，以真实的贸易背景为前提，配合第三方监管等手段，控制供应链相关环节的资金流、（货）物流和信息流，为上下游企业提供授信、结算、融资等金融产品及服务的一揽子金融解决方案。

从资金流的维度划分，常见的供应链融资模式包括应（收）付账款融资、预收货款融资、分期付款融资三种模式。商票供应链融资属于应付账款融资的一个细分领域，通常有以下四方面的特点。

（一）核心企业的高信用可迁徙至上游供应商

从实践看，商票通常由实力较强的核心企业签发，用于购货环节支付给上游供应商，并能继续在整个供应链上运用支付，供应链上的买卖双方具有长期稳定的合作关系。

商票供应链融资中，核心企业通常是出票人（承兑人、付款人），主要集中在基建、能源、医疗、交通等行业的央企、国企及其他大中型企业。在供应链关系中，核心企业签发商票后，通过背书方式向上游供应商以商票进行支付结算，同时也将核心企业的优质信用通过背书逐级传递给上游中小供应商，若持有商票的供应商需要资金，可以向银行申请贴现（供应商自身信用）或者保贴（核心企业信用）。对于中小供应商而言，凭借核心企业较高的信用获得的贴现资金比依靠自身信用获得的银行贷款，利率要低得多，节约出来的财务成本，便是核心企业高信用的价值体现。

（二）商票供应链融资是一项多方共赢的解决方案

商票供应链融资对核心企业（买方）、各级供应商（卖方）、银行（资金方）都有诸多优势作用。

对核心企业而言，一是商票能以杠杆撬动核心企业融资。实践中，核心企业签发的商票有相当一部分由供应商持有至到期，这部分商票由于未向银行贴现融资，产业链上的各企业均没有支付利息，核心企业实现了零成本融资。二是可以降低财务费用。在签发环节，商票与银票相比，无须缴纳承兑手续费；在融资环节，与贷款相比，可以获得收款人给予最长1年的延期支付信用，相当于核心企业获得一笔无抵押免息贷款。三是商票签发灵活，操作手续简便，由出票人签发并承兑，无须银行介入。四是企业主动签发商票并按时足额兑付，有助于提高企业信用评级，树立企业诚实守信的形象，也能够增加合作方的信心。

对供应商而言，一是使买卖双方的口头承诺、挂账信用和合同约定等结算方式转为票据信用，有票据法作保障，能避免应收账款回笼的风险，明确的账期也有助于供应商对未来现金流的预测和管理。二是商票结算将供应商的“应收账款”转为“应收票据”，压降“应收账款”余额，提高资金回笼成功率和速度，可以减少“坏账准备金计提”金额，美化报表。三是持票供应商可以继续背书转让用于支付上游货款，比应收账款的流通性更强。四是持票供应商如果需要资金，可以使用商票向银行申请贴现融资，贴现手续比贷款简单，耗时更短，如能占用核心企业授信进行保贴融资，利率通常低于贷款或其他应收账款融资。

对商业银行而言，开展供应链商票贴现或保贴业务，一是能够拓宽盈利渠道，商票贴现利率通常比银票贴现或流动性贷款高，可获得比银票贴现和流动性贷款更可观的综合收益，卖断已贴现商票可一次性获取非利息收入。二是能够依托产业链核心企业的优质信用，实现对中小微企业的信贷投放，大力支持民营和中小微企业的融资需求的同时，并未扩大敞口风险，符合国家鼓励发展普惠金融的政策导向。三是商票实现电子化以后，系统中有海量的企业背书信息，通过大数据技术对企业背书信息的挖掘提取，能够获得产业链所有企业的关系，帮助开拓票据基础客群，拓展商业银行服务实体经济广度和深度。

（三）真实交易背景是商票供应链融资安全的前提

还款自偿性是供应链融资最显著的特点，而自偿的根本依据就是购销贸易背后真实的交易关系。商票供应链融资中，商业银行是以供应链上买卖双方的真实交易关系为基础，信任的是买方（核心企业）的优质信用和还款能力，一旦签票环节的交易背景不真实，如出现空壳公司签发商票、不法分子盗用其他企业资料开户并签发商票，或企业虚构交易背景签票恶意套取银行资金、关联企业虚构交易背景超兑付能力签发商票融资等情况，银行盲目给予借款人融资支持，将面临巨大的信用风险和欺诈风险。

（四）线上化、垂直化、细分化是商票供应链融资的趋势

一方面，线上化趋势在供应链融资中日益明显，尤其是电子化程度较高的商票供应链融资。传统的“1+N”供应链融资是由商业银行主导的，银行基于供应链核心企业“1”的信用，为其上下游企业“N”提供融资服务，主要采用线下模式。但随着互联网技术和金融科技的发展，这种线下模式正逐渐转为线上模式，即利用网络和技术优势，搭建平台，优化系统，打通数据，汇集信息，对接供应链上下游的各参与方，整合供应链中的（货）物流、资金流、信息流，实现多方参与、线上操作、共享共赢的现代普惠金融模式。

另一方面，垂直化和细分化是供应链融资未来发展的必然趋势。由于每个产业的供应链模式、盈利模式、资金需求的强弱、周期都不同，这将促使商票供应链融资向更垂直、更细分的方向发展，如各家商业银行创新推出的医药行业、交通行业、基建行业、地产行业的商票供应链融资模式，以及针对不同大型企业提供的个性化商票融资方案，便是基于不同的行业认知和企业需求开展的垂直创新和细分经营。可见，未来只有不断深耕各自经营的一条或几条产业链，在充分了解行业属性和特征的基础上，结合自身专业能力，才能为各垂直细分供应链上的企业提供个性化融资服务。

三、商票供应链融资面临的五大发展机遇

（一）电票的安全便捷性优势激发了企业的用票热情

在纸质票据主导时期，票据的使用往往需要在各级供应商中多次背书流转，而受制于纸票没有电子系统支撑、保管难、鉴别难等本身缺陷，存在较大的操作风险和欺诈风险，如容易丢失、破损、被盗、被克隆、变造、伪造。使用纸票支付货款需要交付实物票据，供应商对纸票的接收和保管也较为不便，耗时耗力，无形中增加了企业的流转成本和人工成本。这些都极大地限制了票据在供应链融资中的功能发挥和业务发展。

2009年10月28日，我国电子商业汇票系统（ECDS）正式上线，票据市场开始迈向电票时代。2016年票交所的成立及其推动实现纸电票系统和规则的融合统一，标志着票据市场进入全面电子化发展的新时期。随着电子票据的普及，通过电票系统提供票据接收、登记、转发、给付、资金清算服务，极大地降低了企业用票的各类操作风险和人工成本，进而使票据在供应链金融中的接受度和使用率得到大幅提升。

（二）供应链票据业务平台的搭建为票据发展提供了技术支持

2019年12月19日至20日在上海召开的第十六届中国国际金融论坛上，票交所董事长宋汉光表示，要“建立供应链票据业务平台，从源头上实现应收账款票据化”。据悉该项目一期功能已经完成开发，不久即将上线，届时可以为市场上各供应链金融平台提供供应链票据签发、承兑、背书转让等票据化服务，同时在供应链票据业务平台上，票交所将实现票据可拆分的功能，届时企业可以便捷地实现“付多少，开多少”“贴多少，拆多少”的愿望。票据的应用场景将得到极大拓展，企业用票意愿和需求将大幅增加，在良好的平台和系统支持下，用票的便捷性也会有明显的改善。

（三）商票兑付规则的调整优化解除了持票人的后顾之忧

2016年人民银行发布的《票据交易管理办法》规定，未贴现的商票到期后，承兑人在提示付款当日同意付款的，承兑人开户行应当根据承兑人账户余额情况予以处理。商票承兑人已于到期前进行付款确认的，承兑人开户行应当根据承兑人委托于提示付款日扣划承兑人账户资金，并将相应款项划付至持票人资金账户。已贴现的商票到期后，票交所系统自动发起提示付款，由承兑人（或其代理开户行）应答，应答拒绝或应答同意但扣款失败的，系统于T+1日自动从贴现行（直贴银行）在人民银行的备付金账户扣款。这一制度的优化设计，很大程度上消除了商票持票人尤其是二级交易市场的持票人（转贴现行）

的后顾之忧，打破了商票多年来因兑付风险较大导致发展缓慢的被动局面，为商票的应用推广创造了前所未有的机遇。

（四）供应链创新发展为商票供应链融资提供了市场空间

伴随着供给侧结构性改革的深入，供应链创新作为结构性改革的重要抓手之一，一直以来都是多方关注的焦点。2017年10月13日，国务院办公厅印发了《关于积极推进供应链创新与应用的指导意见》，意在推动我国供应链加速发展，对供应链创新应用相关工作进行全面部署，明确指出要积极稳妥发展供应链金融。2018年4月10日，商务部等八部委联合下发了《关于开展供应链创新与应用试点的通知》，从总体要求、试点城市、试点企业、实施程序和工作要求等方面对供应链金融服务实体经济作出明确的发展规划。金融监管领域也对供应链创新发展给予很大的支持和容忍度，2018年5月，银保监会印发《关于规范银行业金融机构跨省票据业务的通知》，提出票据承兑、贴现原则上应由当地银行分支机构办理，但符合国务院办公厅《关于积极推进供应链创新与应用的指导意见》开展的供应链相关业务不受影响。一系列政策的出台，为我国供应链创新提供了很大支持，在推动我国供应链金融发展的同时，也为商票在供应链金融中的创新应用与推广提供了更广阔的市场空间。

（五）国务院开展“清欠”行动为商票带来了发展契机

党中央、国务院对民营和中小企业融资难、融资贵问题一贯高度重视。2018年11月9日，国务院常务会议决定开展专项行动，清理政府部门和国有大企业拖欠民营企业账款，缓解民营、中小微企业融资难题。2019年7月30日，中央政治局召开会议，提出要“采取具体措施支持民营企业发展，建立长效机制解决拖欠账款问题”。2019年8月26日，中国国新控股有限责任公司联手中核集团、航天科技、中国石化等51家央企在北京发起设立商票互认联盟，成立了“企票通”平台，共同构建央企间信用合作平台，打破电子商票流通瓶颈，提供“线上+线下”的票据业务支持，推动开展“两金”压控、产业链清欠及民企清欠工作，切实解决“清欠”问题。此外，人民银行也表示将通过再贴现等政策工具积极支持票据业务发展，引导信贷资金投放和精准滴灌，解决民营、中小微企业融资难、融资贵问题。上述行动部署和政策措施，为市场各方推动企业间应收应付账款票据化、推进商票业务快速发展创造了良好的环境。

四、防控商票供应链融资业务风险的四点建议

（一）完善顶层制度设计

目前适用于票据的政策制度还是20世纪90年代编制的《中华人民共和国票据法》《支付结算办法》《票据管理实施办法》《商业汇票承兑、贴现与再贴现管理暂行办法》等，尽管后续票交所出台了交易管理办法、业务准则及操作指引对票据市场制度体系进行了有效补充和完善，但现有票据制度体系仍存在一些制约市场发展的因素。一是建议尽快修订《中华人民共和国票据法》等法律法规和政策制度，明确电子票据、新产品模式相关参与主体的法律关系及权利义务，引导多类主体积极参与票据支付结算、融资、交易及票据相关中间服务，以适应票据电子化和商票供应链融资的发展趋势。二是建议制定票据失信行为管理办法和相关信息披露机制，从制度上加强对票据失信主体的惩戒和守信主体的激励，如加大对延迟付款或拒绝付款行为的处罚力度，加大商票承兑人的签发量及兑付信用信息的公开披露力度，提高商票承兑人的违约成本，促使其自觉履行债务，重视商业信用，从而降低商票兑付违约风险。

（二）建立票据信用评级体系

商票信用评级是指对票据承兑人的行业性质、企业素质、经营管理水平、财务状况、偿债能力和企业信誉等方面进行综合评价、分类分级并进行信息披露，以引导市场其他主体通过风险定价，覆盖或补偿信用风险承担的一种市场

化机制。建议票交所、商业银行、供应链金融平台、供应链管理公司等市场主体加强与工商、税务、征信、司法等主管部门的数据互通，并加大与第三方票据市场数据公司及拥有多类数据库的社会信用评级机构的合作，整合票据大数据和行业、企业大数据库，并采用科学的多维度分析模型建立起商票信用评级模型和机制，对票据债务人的信用价值作出综合评价，用于指导商票资产的组织和市场定价，以及商票供应链融资业务的风险管理。

（三）构建票据大数据风险监测指标体系

商票的实质风险主要是假票欺诈风险和兑付违约风险。电票时代，票据全流程生命周期的数据都沉淀在票交所系统中，而这些真实数据是监测和防控风险最重要的信息资源。首先，通过大数据分析，更容易发现企业的异常票据行为，识别和侦破不法交易和犯罪行为。其次，通过大数据分析，可以发现票据参与主体（如承兑人）的历史行为特征，揭示未来面临兑付违约的概率，以便商业银行在贴现前对承兑人信用作出准确判断并合理定价。最后，通过大数据分析，可以告知银行信贷审批人，同类企业在这一行业中签发的票据是否贴近行业平均水平、支付需求是否合理、期限是否在常规交易期限内，进而为同类企业核定合理的签票额度。建议票交所构建大数据风险监测系统，加强业务预警和监控能力建设，实时监测商票从开票到兑付全生命周期，跟踪监测商票异常交易情况，定期对失信企业及伪造票据进行披露，引导企业规范票据行为，从而保障商票市场和商票供应链业务平稳健康发展。

（四）商业银行加强商票业务的风险管理

商业银行是防控商票融资业务风险的核心和责任主体，要从事前、事中、事后建立起长效防控机制，切实采取有效措施堵住相关风险。在贷前调查阶段，商业银行应充分了解预授信核心企业的生产经营情况，如审查其主营业务是否突出、是否存在其他高风险投资等问题，通过征信系统了解预授信企业及其实际控制人的历史征信情况，了解核心企业与供应链上下游企业的合作情况，评估其对供应链物流、资金流、信息流的管理水平，为其核定适宜的商票融资风险敞口，确保承兑人有充足的偿付能力。同时，鉴于当前“假主体签发真商票”的风险隐患，商业银行要重点加强对公账户开立环节的欺诈风险防控，通过上门核实、账户白名单等管理手段，确保开户是承兑人的真实意愿。与供应链企业签署合作协议时，还应明确资金用途合法合规、业务操作流程、协议相关方的权利和义务等。在贷中用信阶段，商业银行应充分利用科技手段、发挥网点网络优势，完整实现物流、资金流、信息流的线上线下协同，监控资金流向；加强商票贴现或保贴业务的贸易背景真实性审查，融资需求真实性、合理性审查，防范企业伪造贸易背景套取银行资金。在贷后检查阶段，商业银行在关注商票融资款用途的同时，还应重点关注承兑人的资信及经营变化情况，确保其偿付能力充足。

总的来看，商票作为供应链融资中的拳头产品，是冉冉升起的新星，也是站在风口上的业务。各商业银行也都认识到商票在供应链融资中的重要作用和发展机遇，开始加快推进商票供应链融资产品的创新和推广，目前已涌现多种商票供应链融资产品和服务。但我们在大力推广商票供应链融资业务的同时也要看到，商票供应链融资业务风险不容忽视，建议相关部门从顶层制度完善、信用评级体系建立、大数据监测体系搭建、商业银行风险管理能力提升等方面建立长效机制，全面防范，重点突破，尤其要着力加强欺诈风险和信用风险的防范，保障商票供应链融资业务健康快速发展，从而更好地服务民营和中小微企业，服务实体经济发展。

建立企业主体与票据行为双支柱管理架构，推动商业承兑汇票健康有序发展

王静美　杨　阳　崔文琪[①]

近年来，随着我国金融市场化进程的发展，金融脱媒现象已成为必然趋势。在此大背景下，企业签发和使用商业承兑汇票（以下简称商票）的意愿逐渐增强，商票业务发生额逐年增长。但是快速增长的背后，商票信用风险也逐步暴露。部分企业在商票签发和承兑操作中存在不规范行为，市场信息披露、信用评级等风险防范机制不够完善，导致商票市场接受度低，流通、贴现和兑付效率亟待提升。

在此背景下，有必要针对商业承兑汇票以企业为核心的特征，建立企业主体与票据行为双支柱管理架构，补充完善以企业主体为维度的管理体系，建立风险票据及企业行为事前预警、商票违约事后处置制度，提高企业商票违约成本，助推优质商票流通应用，从而推动商业承兑汇票健康有序发展。

一、商业承兑汇票市场基本情况

2019年商票各项业务发生额较2018年相比都有明显上升。2019年，商票承

① 作者简介：王静美、杨阳、崔文琪，现就职于上海票据交易所票据部。

兑发生额为30240.29亿元，较2018年增长18.61%，贴现发生额为9400.16亿元，较2018年增长14.90%，质押发生额为1991.88亿元，较2018年增长29.50%。各项业务与票据市场总体发展相比基本持平。

表1　商票2018年和2019年承兑、贴现和质押业务发生额

	承兑	贴现	质押
2018年发生额（亿元）	25495.49	8180.99	1538.19
2019年发生额（亿元）	30240.29	9400.16	1991.88
商票各项业务2019年较2018年增长率（%）	18.61	14.90	29.50
票据各项业务2019年较2018年增长率（%）	11.56	25.33	18.55

数据来源：上海票据交易所。

（一）企业承兑商票的意愿逐年增强

2017—2019年，商票的签发量逐年增长。在多种企业融资工具中，商票签发量仅次于短期融资券的发行量，高于公司债和企业债。同时，使用商票作为支付融资工具的企业数量也整体处于上升趋势。

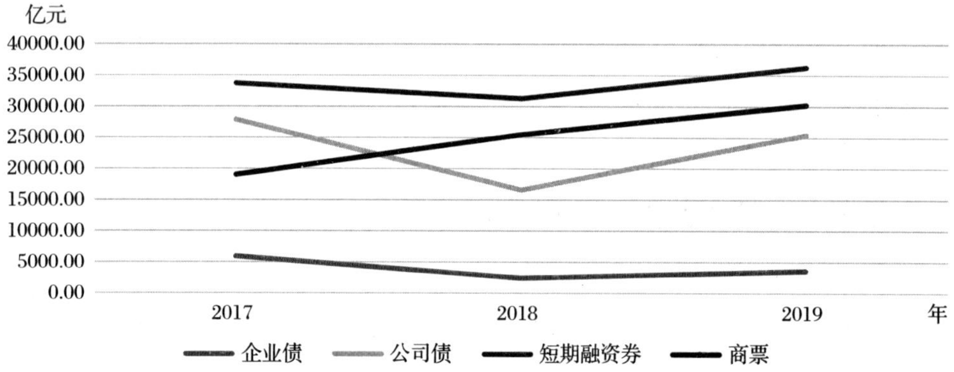

数据来源：上海票据交易所。

图1　2017—2019年企业不同融资方式各年发行量

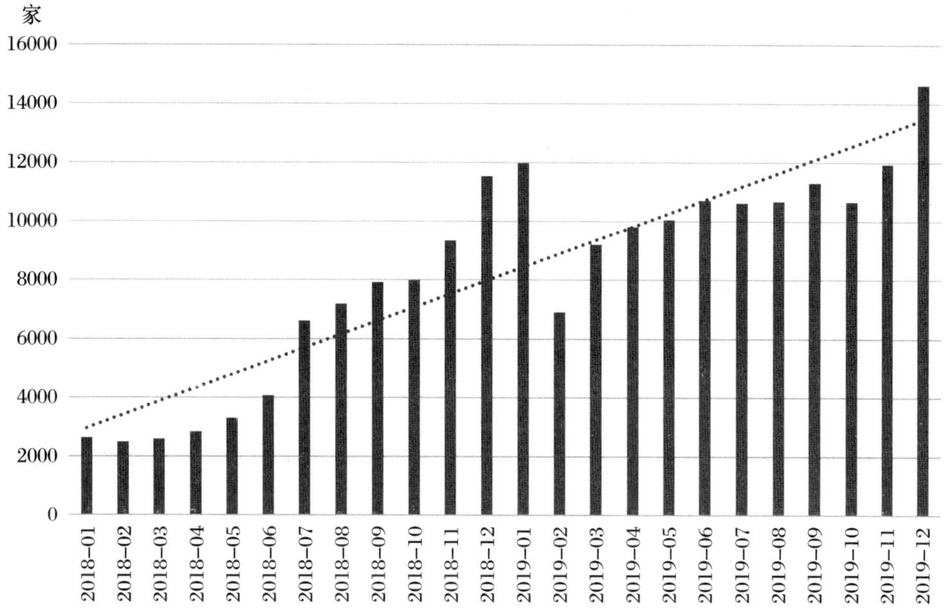

数据来源：上海票据交易所。

图2 2018—2019年每月承兑商票企业数

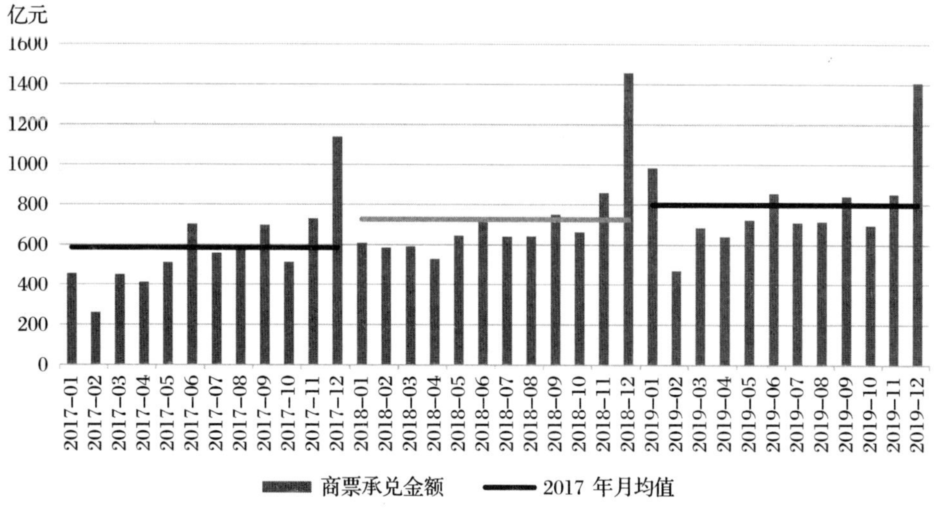

数据来源：上海票据交易所。

图3 大型企业承兑商票金额

（二）核心企业使用商票的意愿增强

供应链中核心企业承兑商票的意愿增强。以国家统计局、工业和信息化部标准划分的大型企业作为核心企业进行统计，2017年1月至2019年12月，大型企业承兑商票金额呈现整体上升的趋势。2017年、2018年、2019年大型企业承兑商票总金额分别为7017.72亿元、8711.00亿元和9586.82亿元，每月平均承兑商票金额分别为584.81亿元、725.92亿元和798.90亿元，商票承兑量持续上升。

（三）商票融资形式灵活多样

除了传统的企业以将持有的商票向银行申请贴现的方式获取资金的融资形式外，票据池业务以及以商票为实际基础资产、以商票收益权或者商票结算应收账款的形式进行资产证券化发行ABS、ABN的融资方式开始显现。此类业务，通常采取将商票质押的方式，2019年的质押发生额达到1991.88亿元，较2018年增长29.50%，每月进行质押的票据中，商票质押发生额的占比逐步攀升。

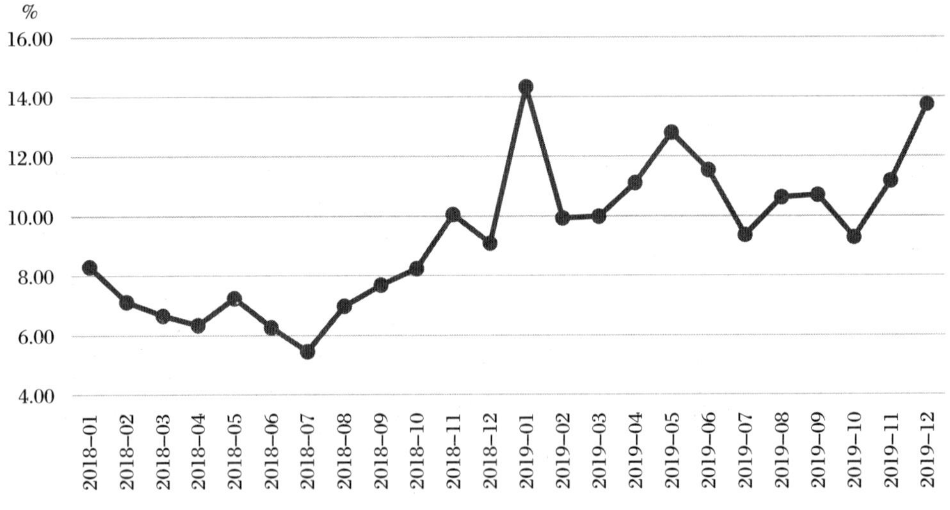

数据来源：上海票据交易所。

图4 商票质押发生额（金额）占比趋势

（四）商票兑付效率有所提升

2018年10月纸电票据融合后，符合条件的已贴现商票迁移至交易系统进行后续交易和到期处理。与原电子商业汇票系统（ECDS）兑付机制不同的是，交易系统要求金融机构当天进行代为应答，对于当天未应答的提示付款申请，日终会自动设置为拒付状态。这种提示付款应答机制的改变使商票的兑付效率显著提升，由图5可知，商票在2018年的平均兑付时间为4.60天，2019年为2.89天，兑付效率提升37.17%。

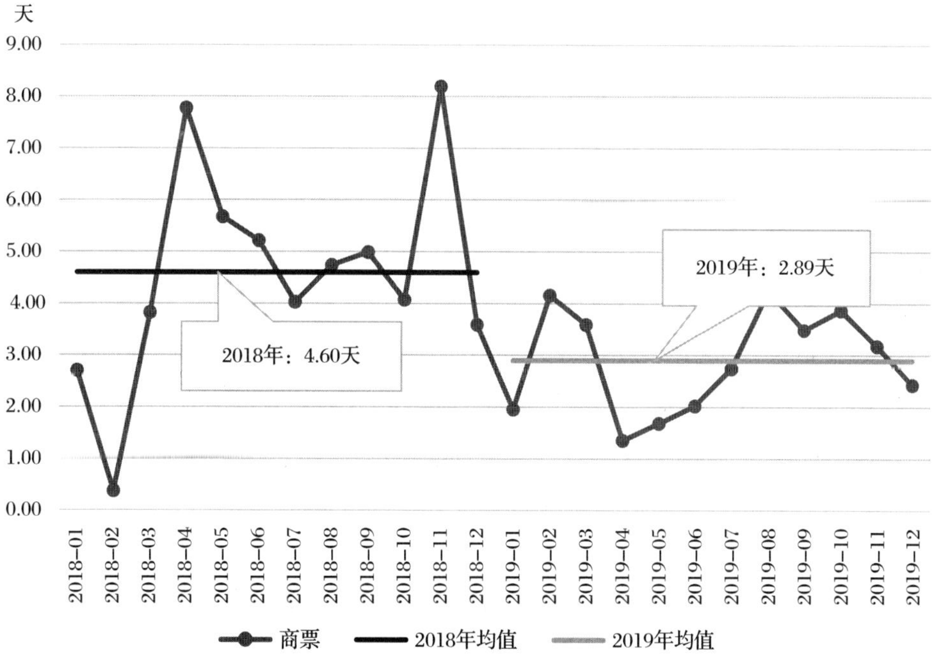

数据来源：上海票据交易所。

图5 已结清商票每月平均兑付时间

二、商业承兑汇票市场目前存在的问题

相对于短期融资券、中期票据、企业债来说，从事生产经营的企业法人

和其他组织都可以承兑、使用商票，手续简便、门槛低。但是，便捷的操作也伴随着一定风险，在我国当前商业信用环境尚不健全、信息不对称的情况下，基本没有准入限定条件的商票市场接受度仍然不高，加之部分商票兑付问题频发，也加大了市场对商票信用风险的担忧。

（一）市场接受度和流通性仍然不高

基于商业信用的商票签发规模和流通规模远不及银行承兑汇票（以下简称银票），市场接受度仍然较低。

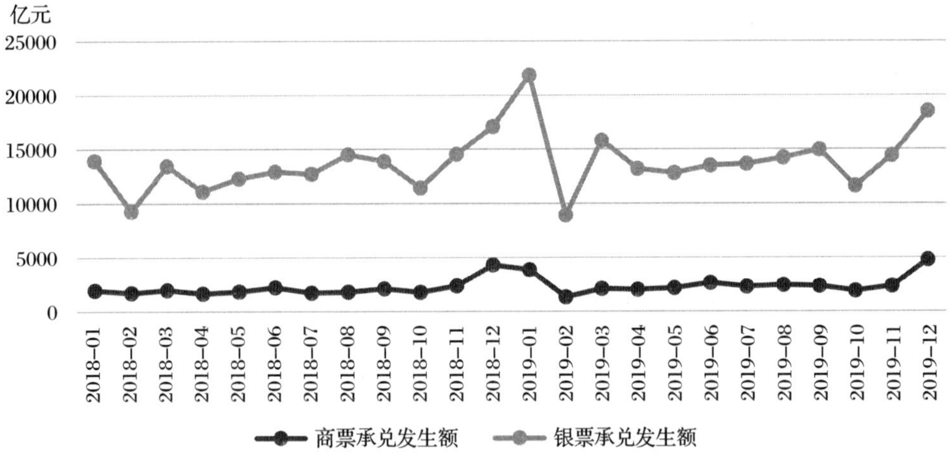

数据来源：上海票据交易所。

图6 2018—2019年银商每月承兑发生额趋势

从商票在企业间的流通性来看，由2018年5月至2019年12月每月银商票单张票据平均背书频次可知，商票的平均背书频次显著低于银票，商票的流通性仍然不高（见图7）。

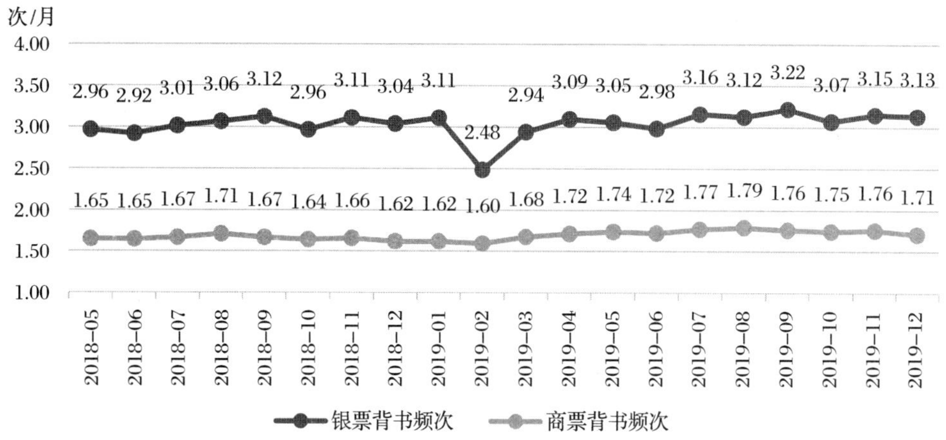

数据来源：上海票据交易所。

图7 银商票背书频次趋势

从银商票贴现情况来看，根据2018—2019年每月贴现发生额中商票贴现发生额的占比可知，商票贴现发生额占比呈下降趋势，平均每月商票贴现发生额

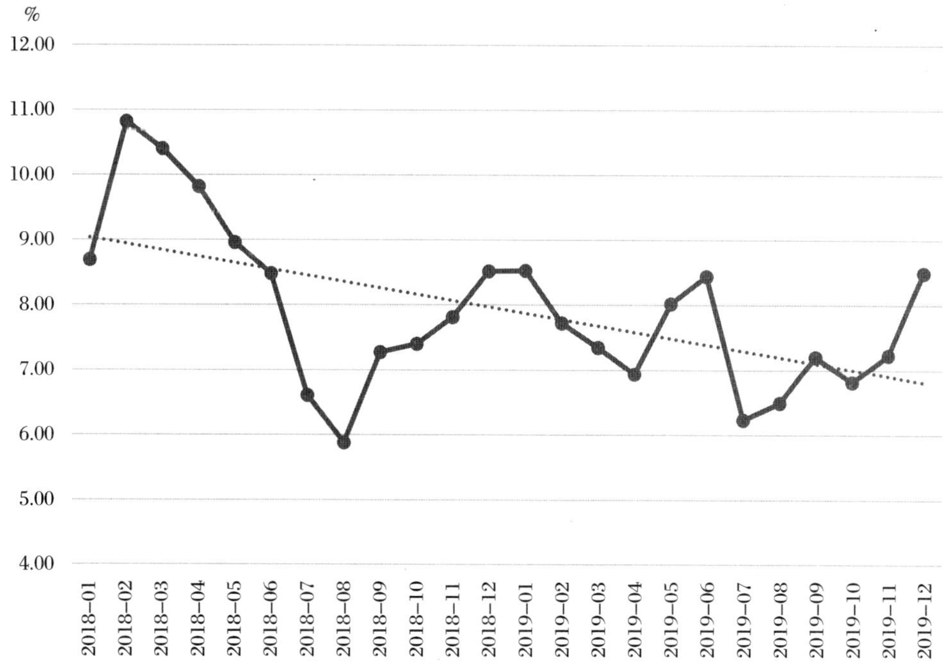

数据来源：上海票据交易所。

图8 商票贴现发生额（金额）占比趋势

占贴现总发生额比重仅为8%（见图8）。相比于商票，市场上贴现行更加愿意接受银票。

（二）商票承兑缺乏约束，部分企业超额承兑

目前，监管机构对银票的签发有严格的管理要求，要求金融机构不得签发超出客户授信额度的票据，同时对票据业务结构占比也有一定要求。但是对于商票来说，其签发属于企业自身行为，不纳入银行授信管理，无明确签发额度要求，在进入银行体系之前也无审查贸易背景的要求。商票承兑缺乏约束的现状导致部分企业无贸易背景随意承兑票据，部分注册资本较低，成立时间短，主营业务不明的企业商票承兑量巨大。譬如2019年商票承兑量排名第一的C公司，成立于2016年1月，注册资本仅500万元，股东为一名自然人，2019年承兑商票618.69亿元；再以D公司为例，成立于2015年11月，注册资本为5800万元，2019年承兑商票96.71亿元，承兑商票金额均远高于注册资本，存在潜在风险。

（三）无评级和披露机制，部分企业在债券市场融资困难而转向票据市场

债券市场有一套成熟完整的信息披露和评级机制，信用等级高的公司的融资成本较低，当公司评级降低，企业在债券市场的融资成本随之增加。而票据市场缺乏完善的信息披露机制和评级体系，导致部分公司在债券市场评级降低时，会选择大量承兑商票来筹措资金，从而为商票市场带来较大风险。

以药品企业F企业为例，中诚信国际信用评级有限责任公司于2019年7月29日将F企业的评级由AA降为A-，并于2019年8月21日降为BB。研究F企业在票据市场的商票承兑量发现，2018年F企业承兑商票3.62亿元，2019年达到25.80亿元，是2018年签发量的六倍多。而该企业在债券市场上的发行规模恰恰相反，2018年发行10亿元定向工具（PPN），而2019年未发行债券。F企业在债券市场主体信用评级的骤降增加了其在债券市场的融资成本，继而开始使用承兑商票

作为债券融资的替代手段。

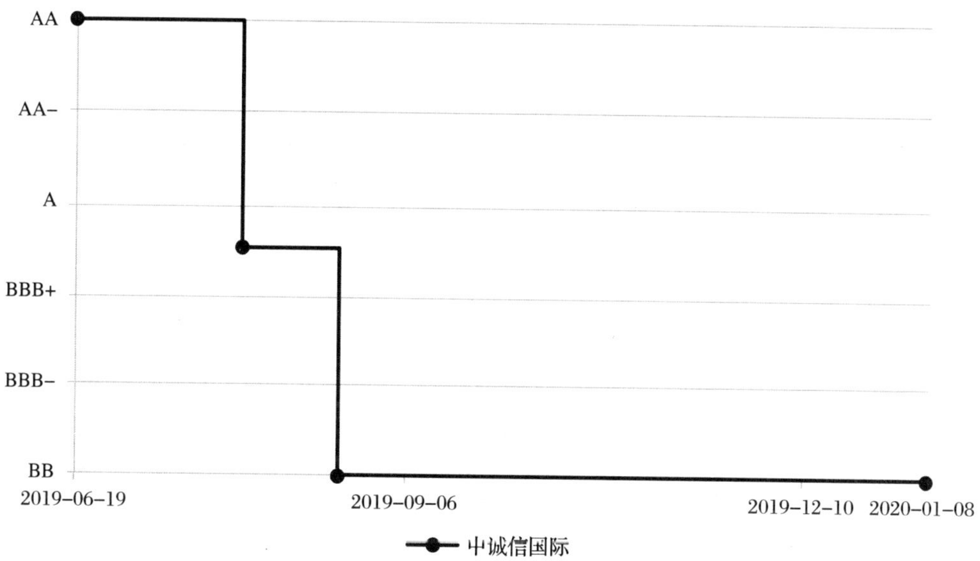

数据来源：上海票据交易所。

图9 F企业主体信用评级变化

（四）商票兑付效率有待进一步提升

尽管纸电融合后商票的平均兑付时间有所减少、兑付效率有所提升，但与银票相比还存在较大差距。2018—2019年，商票3天内兑付的金额占商票总兑付金额的75%左右，银票3天内兑付的金额占比90%左右，商票3天内兑付比例显著低于银票（见图10）。而各季度商票10天以上兑付的金额占商票总兑付金额的比例为12%，高于银票10天以上兑付的金额占比3%（见图11）。由此可见，商票的兑付时间整体较长，兑付效率显著低于银票，未来依然有待提升。

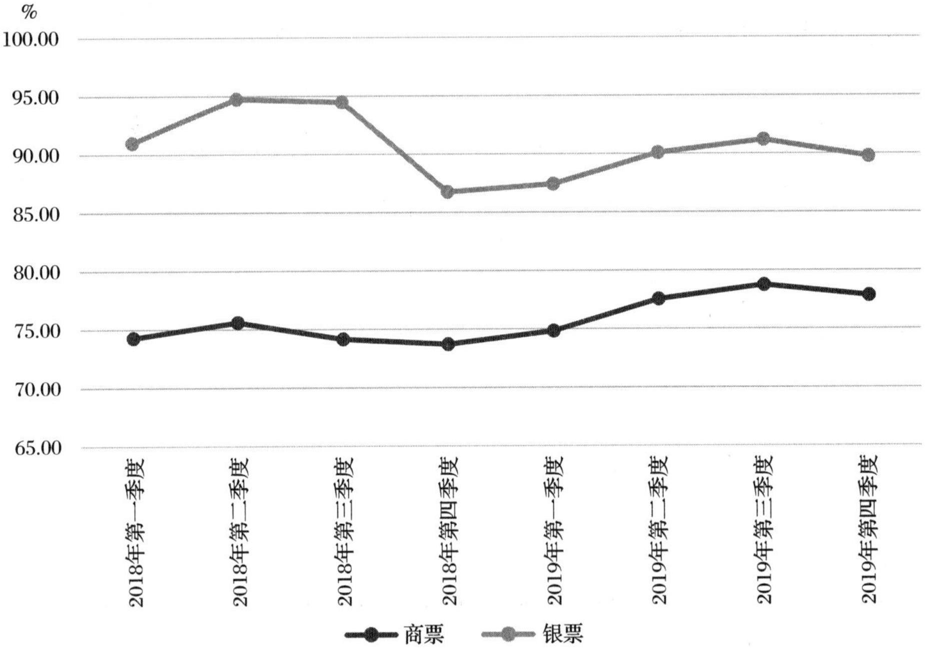

数据来源：上海票据交易所。

图10　2018—2019年各季度银商票3天内兑付票据金额占比趋势

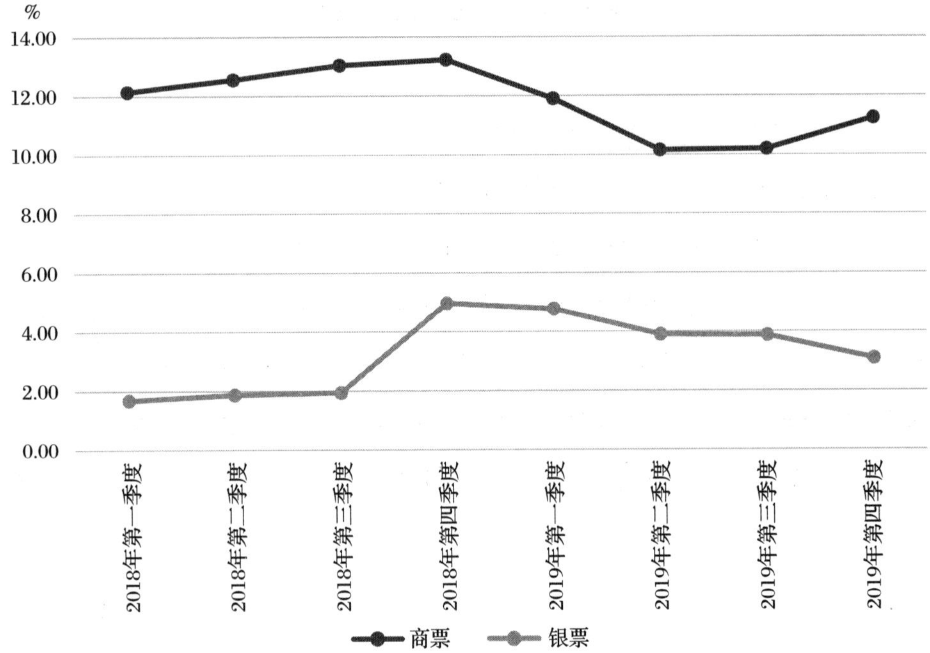

数据来源：上海票据交易所。

图11　2018—2019年各季度银商票10天以上兑付票据金额占比趋势

（五）商票未兑付比例相对较高

统计银商票每月到期的票据中已发起提示付款但目前仍未结清的票据金额与每月到期票据总额的比例（见图12），发现商票的每月到期票据未兑付比例远高于银票，平均为6.38%，而银票仅为0.19%。商票市场信用评价机制不完善、规范性尚待提升，导致企业票据签发缺乏风险管控，部分票据兑付效率低或难以兑付，为持票人带来不便，同时也不利于市场参与者对于商业承兑汇票信心的建立。

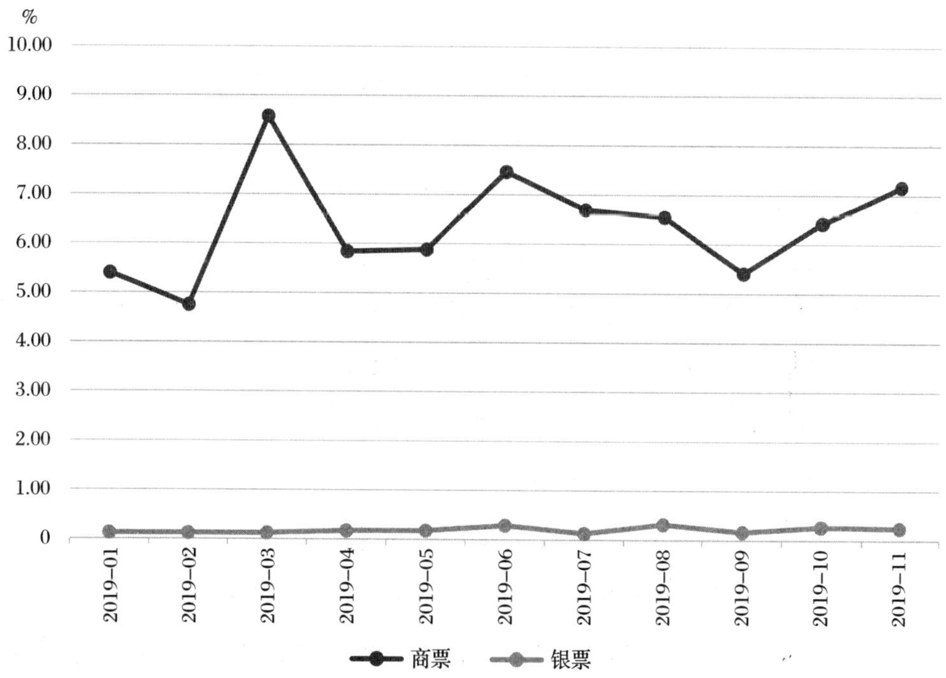

数据来源：上海票据交易所。

图12 2019年各月银商票每月到期票据未兑付比例

三、推动商业承兑汇票健康有序发展的措施建议

当前商票相较于银票存在市场接受度不足、流通程度较低的问题，签发、

流转和贴现规模都与银票有显著差距；同时商票市场风险监测机制不完善，商票签发流转过程中规范性不足，存在潜在风险。针对目前商票市场上暴露的问题，建议进一步发挥上海票据交易所作为票据市场基础设施的职能作用，针对商票的特点及使用场景进行系统性再设计，以企业为核心建立涵盖信息披露、征信机制建设、风险预警等功能的事前风险管理制度体系，并健全违约事后处置机制，同时积极推广信用良好的商票，促进商业承兑汇票市场健康有序发展。

（一）建立企业主体和票据行为的双支柱管理体系，集中管理企业风险

当前票据市场管理体系中，管理思路主要以单张票据为维度，各类制度主要针对单张票据的出票、承兑、背书、贴现、交易等票据行为，而从企业主体考虑的较少。企业承兑的商业承兑汇票分散在各个银行账户中，缺乏企业层面的整体设计，也无法以企业为维度对企业的承兑行为进行监测与管理。除从单张票据的票据行为维度进行管理外，有必要补充建立以企业主体为维度的管理体系，建立企业主体和票据行为的双支柱管理架构。

补充建立以企业主体为维度的管理体系，具体实施可从建立起企业票据业务总账户体系入手，通过为每个企业法人建立票据总账户，实现企业票据账户的集中管理。一方面，基于企业业务账户，可逐步完善企业服务体系，实现企业自身对票据业务账户的集中管理和授权，防范伪假票据和操作风险；另一方面，上海票据交易所和监管部门可以从企业维度出发集中衡量风险，考察企业的信用状况，从而在源头上对商票承兑进行规范管理，为商票市场的健康发展奠定基础。

未来票交所可通过企业账户体系，借助大数据等技术手段逐步形成票据知识图谱，汇总大型集团下各子公司及相关公司票据情况，对从属于同一集团公司的票据进行统一监测，实现风险集中管理，防范子公司依靠母公司信用大量承兑商票等潜在风险行为，挖掘套取资金、关联交易、中介包装等隐藏信息，

清晰掌握企业票据使用情况，规范商票的签发和流转。

（二）完善信息披露及信用评级体系，强化事前风险预警

商业承兑汇票立足于商业信用，从而对企业信息披露提出了较高的要求。未来上海票据交易所有必要对企业信息及信用状况进行更加全面系统的披露，及时对市场风险进行事前预警，增强商票市场透明度。

目前上海票据交易所正在积极推进商业汇票信息披露平台的系统建设工作，按照企业自主自愿的原则，在上海票据交易所提供的信息披露网站中，按月披露企业和财务公司承兑票据的余额以及未结清情况等票据违约信息。未来可逐步完善信息披露制度，增加企业经营行为等信息披露力度。同时，可借鉴债券市场信用评级较为成熟的经验，在商票市场中引入信用评级制度，由专业评级机构对签发企业履行债务责任的意愿和能力等信用状况进行评价，提供商票签发企业的主体级别，并定期向市场披露。

（三）强化商票违约事后处置机制，提高企业违约成本

我国票据市场事后处置机制尚不成熟，违约后处分措施空缺，导致企业违约成本过低、开展商票业务时缺乏制度约束、不规范行为时有发生。建议借鉴日本[①]和我国台湾地区[②]的票据拒付处分制度，建立违约责任承担机制，提高票据违约成本，增强票据信用。

一方面，可将违约信息纳入人民银行征信系统进行管理。目前，出票人申

① 日本在明治27年（1894年）由东京银行集会所的加盟银行发起并建立了拒付处分制度。其内容如下：要求票据交换的各加盟银行依照票据交换所的规则，在一定期限内，停止向拒付票据的债务人提供任何银行金融服务，并不得向其提供贷款。

② 我国台湾地区于2001年实施“票据信用管理新规定”，明确规定当开立账户的申请人与银行签订账户交易合同时，按照契约自由的原则，必须附带签订一份有关停止交易处分（拒绝往来）为内容的补充合同。同时，在票据交换所内成立了停止交易处分者照会中心，将信用情报公开，便于公众查询。

请银行承兑汇票到期不履行支付义务的，出票人的行为一般比照贷款违约纳入征信系统管理；但对于商票承兑人，征信系统不作记录，为风险的监测和防控带来不便。建议除在上海票据交易所信息披露平台公示票据违约信息之外，将票据违约信息纳入人民银行征信系统管理。查询机构通过征信系统可查询包括票据违约信息在内的企业风险信息，综合判断企业资信情况，作为决定是否为企业提供相应的授信、贷款等金融服务时的重要参考因素，促进企业重视票据履约责任，提高履约率。

另一方面，应采取措施提高企业违约成本。对于监测发现多次违约或违约金额较大，甚至存在通过商票承兑汇票套取资金进行金融诈骗的企业，建议由上海票据交易所在向人民银行报告后，通过系统对问题企业的部分票据业务功能或权限（包括出票、承兑、背书、质押、贴现等）进行一定的限制，并对外公告。同时可探索多种规范商票市场、提高违约成本的管理措施，如通过与承兑企业签订协议，约定企业在签发和承兑商票中需承担的义务，明确规定企业违约后将承担的违约责任及处分条款，强化对承兑企业票据行为的管理。

（四）运用增信措施，提高优质商票流动性

当前市场参与者对商业承兑汇票的了解有限，企业与贴现行对商票缺乏信心，导致使用及接受商票的意愿和积极性不足。未来，上海票据交易所有必要使用增信措施，对于信用较好的票据和企业积极开展推广工作，提升流转和贴现效率。

一方面，上海票据交易所可积极鼓励金融机构通过保贴、保兑、履约保证等方式为票据增信，并在电票系统中对相应票据增信措施进行登记和标注，直接向后手展示，提高信用良好、风险较低的商业承兑汇票在市场上的流通性和接受度，间接促进企业运用多种增信措施，提高票据信用。

另一方面，对于信用情况优良、经营状况好、兑付效率高的商票承兑企业，票交所可以企业白名单、专题介绍等形式，通过多种官方平台向市场公开

推广，使市场参与者对优质企业有更加深入的了解，提升该类企业及其承兑汇票的市场认可度。同时可充分借助市场机构的力量，与其他官方机构或市场参与者以联合推广、交流论坛等合作形式，向市场宣传推广信用情况良好的商票承兑企业，引导市场参与者逐步接受并合理使用优质商票，从源头上提升市场信心，增进商票市场活跃度。

商业承兑汇票服务中小微企业的创新之路

肖小和　杨　刚　孙　越[①]

一、商业承兑汇票的优势与实践

（一）商业承兑汇票的历史发展实践

票据融资是指商业汇票的承兑、贴现、转贴现和再贴现等业务。企业开商业汇票的过程是一个融资过程，若被银行等金融机构承兑则成为银行承兑汇票，若被非金融机构承兑则成为商业承兑汇票。按照人民银行2009年颁布的《电子承兑汇票业务管理办法》，电子商业汇票分为电子银行承兑汇票和电子商业承兑汇票。

早在1979 年人民银行就批准部分企业签发商业承兑汇票，我国首笔同城商业承兑汇款业务就是1981年在上海办理的。我国企业一直存在这“三角债”的支付难题，票据这一支付工具的大力推广使用，其支付功能在一定程度上缓解了我国改革开放后经济发展中的“三角债”难题。1990年，国务院清理“三角债”领导小组在《关于在全国范围内清理企业拖欠货款的实施方案》（国发〔1990〕19号）中明确提出结合商业票据使用办理清欠工作，付款

① 作者简介：肖小和，江西财经大学九银票据研究院首席研究员，江西省金融学会票据专业委员会首席专家；杨刚，上海财经大学金融学博士研究生；孙越，中国民生银行上海分行。

期内没有能力且不符合发放“清欠专用贷款”条件的企业，可将所欠债务转为商业票据。1991年《关于继续组织清理“三角债”的意见》（国办发〔1991〕15号）则要求金融部门积极推广商业承兑汇票业务，把社会主义商品交易纳入票据化的轨道。

2006年，人民银行为解决国企、央企“三角债”问题曾推行过“商业票据”——这里的“商业票据”主要指的是商业承兑汇票，可以说是应收账款票据化理念雏形，而非当时使用更广泛的银行承兑汇票。当时商业票据未电子化，加上短期融资券②也在相近时间推出，以及纸票真实性核查难、融资性票据泛滥、票据交易市场不完善等原因，商业承兑汇票进程不甚理想。

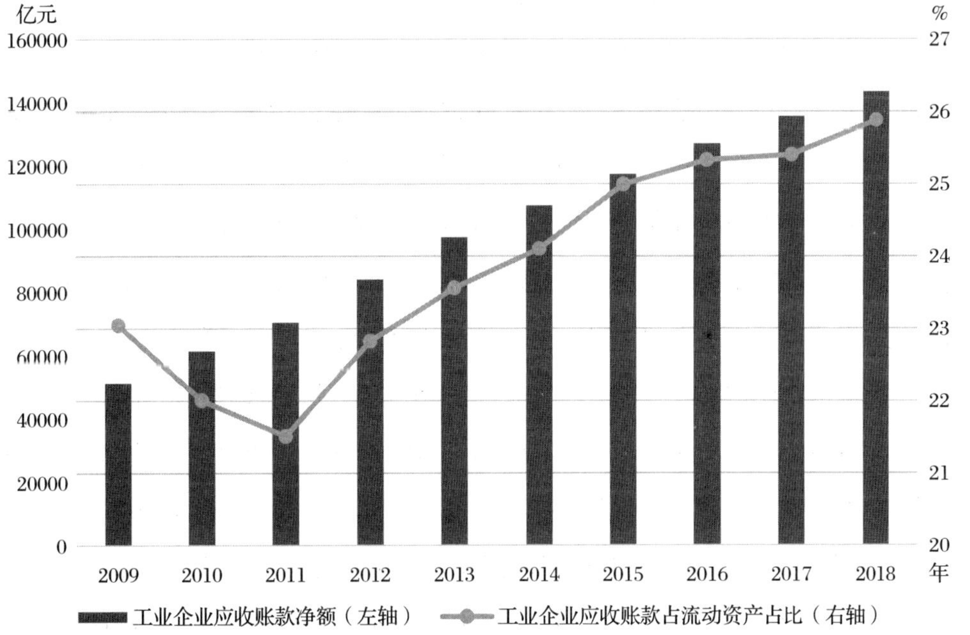

数据来源：国家统计局数据。

图1 工业企业应收账款占流动资产比例

② 我国短期融资券本质上属于融资性无担保商业本票，但未使用“票据”的名称，一是因为《中华人民共和国票据法》采用真实票据理论，要求票据的签发、取得和转让具有真实交易关系和债权债务关系；二是因为法律限定本票出票人只能是银行，未给融资性无担保商业本票留下空间。

截至2019年10月底，我国规模以上工业企业的应收账款余额为17.46万亿元，在主营业务收入中占比高达20.38%，这一比例达到20世纪90年代初清理“三角债”时期的历史高位水平。伴随着票据市场的不断发展，商业承兑汇票也在慢慢兴起，企业不再单一地依靠银行承兑汇票，这使企业凭借自身的信用及资本获得新的融资方式，转变观念，发展票据的融资功能。商业承兑汇票作为企业支付结算和直接融资工具之一，在盘活企业应收应付账款、解决供应链融资、促进融资票据化等方面能够发挥重要作用，企业使用商票，可以延迟其支付货款的时间、节约资金使用的成本、提高资金使用效率。

（二）商业承兑汇票目前发生概况

2018年商业承兑汇票发生额为25528.65亿元，2019年商业承兑汇票发生额为30240.29亿元，2019年较2018年增加4711.64亿元，增长18.46%；2018年银行承兑汇票发生额为157157.30亿元，2019年银行承兑汇票发生额为173553.30亿元，2019年较2018年增加16396.00亿元，增长10.43%。根据上海票据交易所（以下简称票交所）公布的数据显示，2019年1月到12月，商业汇票未到期余额合计达到21.17万亿元，其中商业承兑汇票和银行承兑汇票分别为2.54万亿元和18.63万亿元。商业承兑汇票在2018年12月、2019年1月和2019年12月均呈现剧烈增加的状态，而在2018年和2019年其余月份呈现比较平缓的波动状态，因此我国商业承兑汇票市场可能存在季节性波动，在每年第四季度商业承兑汇票发生额会剧烈增加。

分机构类型看，股份制银行票据交易的市场占比较高，大型商业银行2018年承兑金额26365.67亿元，2019年承兑金额28416.78亿元，2019年较2018年增加2051.11亿元，增长7.78%；股份制商业银行2018年承兑金额67376.67亿元，2019年承兑金额75774.48亿元，2019年较2018年增加8397.81亿元，增长12.47%；2019年，国有银行和股份制银行承兑的票据（以下简称国股票据）贴现量在全市场贴现量中占比达到57.35%，比上年提高2.8个百分点；转贴现占比达到60.95%，比上年提高2.7个百分点。

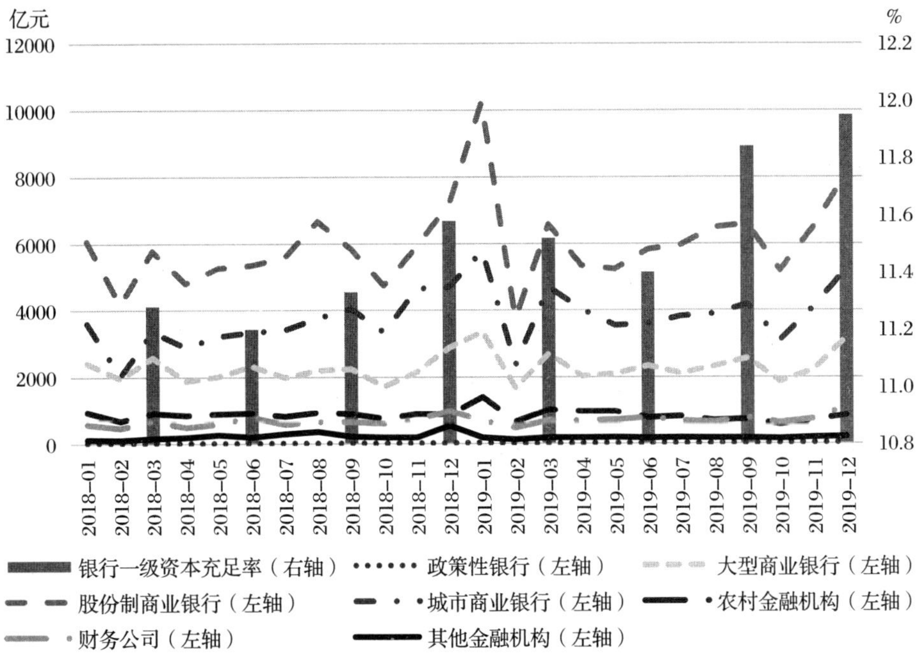

数据来源：上海票据交易所、中国票据研究中心和中国银行保险监督管理委员会。

图2　商业汇票承兑发生额按机构分类统计金额

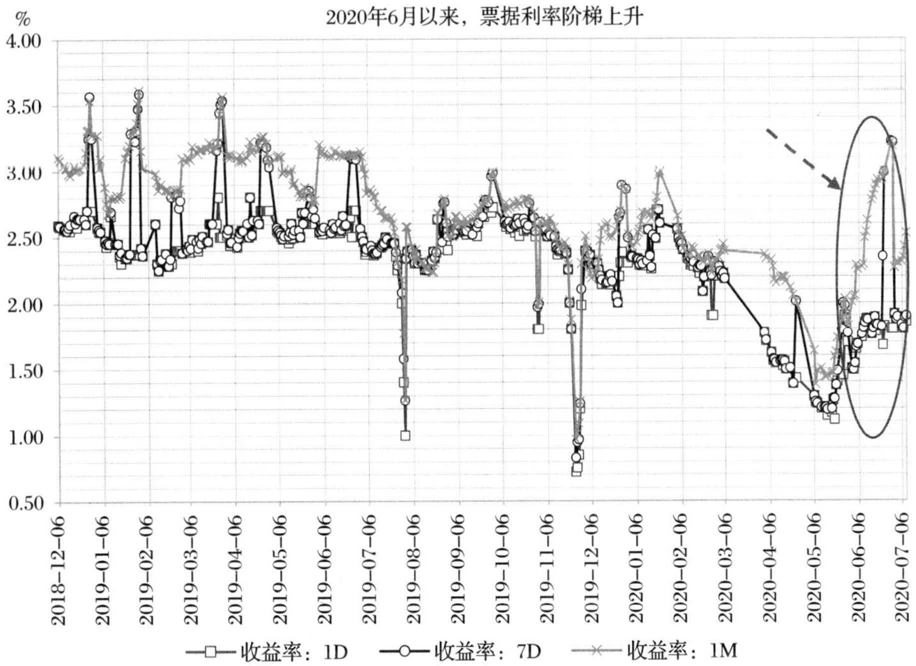

数据来源：上海票据交易所。

图3　国股票据收益率

（三）美国商业票据市场实践概况

不同国家对票据的界定不同，美国商业汇票市场的衰落伴随着商业票据市场的兴起。商业票据是开票人承诺在指定日期由自己付款的票据，是一种无担保的短期期票。票据市场是货币市场的重要组成部分，不同国家对票据的界定不同。在发达市场经济国家和地区，票据主要指建立在企业信用基础上的商业票据（Commercial Paper，CP），即由资信较高的企业直接签发的短期债务凭证。商业承兑票据因是无担保的借款，故成为货币市场上一种标志信誉的工具，能够成功地在市场上出售商业承兑票据是对公司信用的最好证明。

我国票据市场中本票只有银行本票，企业和个人无法签发本票；而美国的票据法中，企业和个人也可以作为本票的出票人，美国的商业票据实质是一种本票，由企业发行，约定由自己在将来指定日期付款的一种票据。美国票据市场占全球票据市场70%的份额，也是美国仅次于国库券市场的第二大货币市场，包括银行承兑汇票和商业票据市场，1990年资产支持票据仅占美国票据市场的5.7%，1980—1988年美国的商业票据市场以每年17%的速度增长，到1988年其市场容量曾一度超过短期国库券市场；进入20世纪90年代，票据市场的年末余额一直居货币市场第二位，仅低于国库券，2007年初该比例上升至58%。

商业票据属于直接融资，具有成本较低、灵活性较强等优势，加上货币市场基金对商业票据的投资需求大幅增加，20 世纪 70 年代后越来越多的融资者和投资者从银行承兑汇票转向了商业票据；商业票据也是有效连接货币市场和实体经济的重要通道。在美国，银行承兑汇票要求以真实的贸易关系为基础，而商业票据不需要以真实贸易背景为基础。在金融创新的推动下，美国票据市场出现了信用支持票据和资产支持票据，但是商业票据仍占绝对主导地位。资产支持票据的出现是美国票据市场发展的一个重要里程碑，资产证券化的运用、投资法对货币市场投资基金的限制等促成了资产支持票据的出现，并成为商业票据十分重要的类型。此次应对新冠肺炎疫情冲击，欧美各国陆续出台商业票据融资机制（CPFF）政策，通过商票工具让企业快速获得信贷支持，快速融资以抗击疫情。2020年6月28日，人民银行正式公布《标准化票据管理办法》；之前，交易商协会宣布推出资产支持商业票据（ABCP），支持“资金直达实体”。

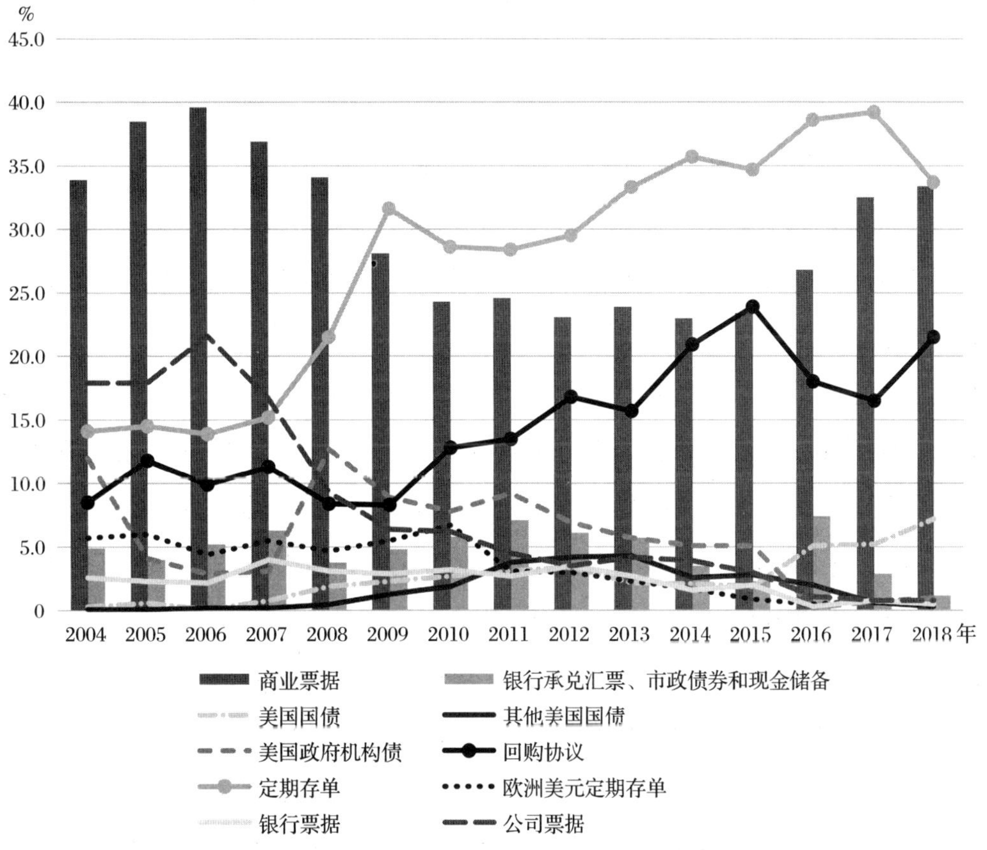

数据来源：Board of Governors of the Federal Reserve System。

图4　美国主要货币市场基金资产构成百分比（2004—2018）

由于票据立法原则等顶层制度设计的不同，票据的“结算属性”和“融资属性”也随着市场环境和需求的变化而变化，出现了一些实质上的融资性票据。我国短期融资券与欧美发达国家发行的商业票据性质相同，极少部分企业近年来依赖签发商业承兑汇票弥补短期流动性资金缺口，发行利率超过20%甚至更高，与美国高收益商业票据类似。总体上，目前我国票据市场以银行承兑汇票为主，而美国等成熟市场商业承兑汇票的存量余额及市场流通量均远超银行承兑汇票。由企业直接发行商业票据，发行人可根据自己的资金需求直接融资，发行成本将显著降低，发行效率和便捷性得以提高。商业票据是成熟资本市场的一种常用工具，是货币市场的重要组成部分，可以促进发行企业、投资者、银行、中央银行的共赢关系。

（四）新形势下的商业承兑汇票发展机遇

1. 应收账款票据化。2018年以来，我国票据承兑余额增长迅速，以银行承兑汇票为主，占比在84%附近。票交所数据显示，2019年经历去杠杆，票据全年业务总量达131.45万亿元，同比增长19.04%。发展应收账款票据化，可以通过电子商业汇票将应收账款票据化，再通过贴现等融资方式，转化为现实的现金流。根据2019年度上市公司财务报告统计，我国上市公司应收账款余额规模超过5.3万亿元，1年以内应收账款总额占比70%。根据国家统计局数据，2020年6月末，规模以上工业企业应收账款15.34万亿元，同比增长12.7%；应收账款平均回收期为56.6天，同比增加8.8天。

第一，商业承兑汇票具有电子化、期限灵活、交易便捷、成本较低的优势，因此发展应收账款票据化有助于企业盘活存量，加快资金的应用速率。从供应链金融票据化的应用层面而言，核心企业上游供应商赊销商品时采取票据结算的应收款项，进一步发展应收账款票据化，可在供应链上下游企业中嵌入票据的支付功能，并解决资金流转难题。

第二，应收账款票据化加快应收账款的回款，是解燃眉之急的好办法，因为目前应收账款抵借或贴现还不流行，多数银行不受理此类业务，而票据贴现，尤其是商业承兑汇票贴现则是一项普通业务。推广应收账款票据化是一项系统的工程，需要国家政府部门和人民银行、上海票据交易所、金融机构等协同推进，通力合作。

2. 标准化票据。2020年6月28日，人民银行发布《标准化票据管理办法》，自2020年7月28日起实施。标准化票据的推出，打通了服务中小微企业、供应链企业的渠道，使中小微企业在贴现之外增加了新的融资渠道。具备市场需求的是商业承兑汇票的标准化票据业务，因其发行效率高、成本低等特性，商票也已纳入标准化票据基础资产，这体现了商业承兑汇票的支持。

第一，以未贴现商票作为基础资产的标准化票据实现了从同业信用到企业信用的转换，拓宽了中小企业融资渠道，未来将引来巨大发展；而其中的增信措施缓解可有效打消投资者顾虑，助力中小企业顺利融资。

第二，中小企业在日常经营业务的过程中，通常会选择以商业汇票结算应付款项来避免由现金结算带来的流动性降低。未来随着商业信用被激活，商业承兑汇票开票量将大增，票据主体信息不透明、不对称的市场随着标准化票据推出，信用定价将更加透明化，与此同时，票据本身所具有的融资功能也将使中小企业更倾向于接收商业承兑汇票。

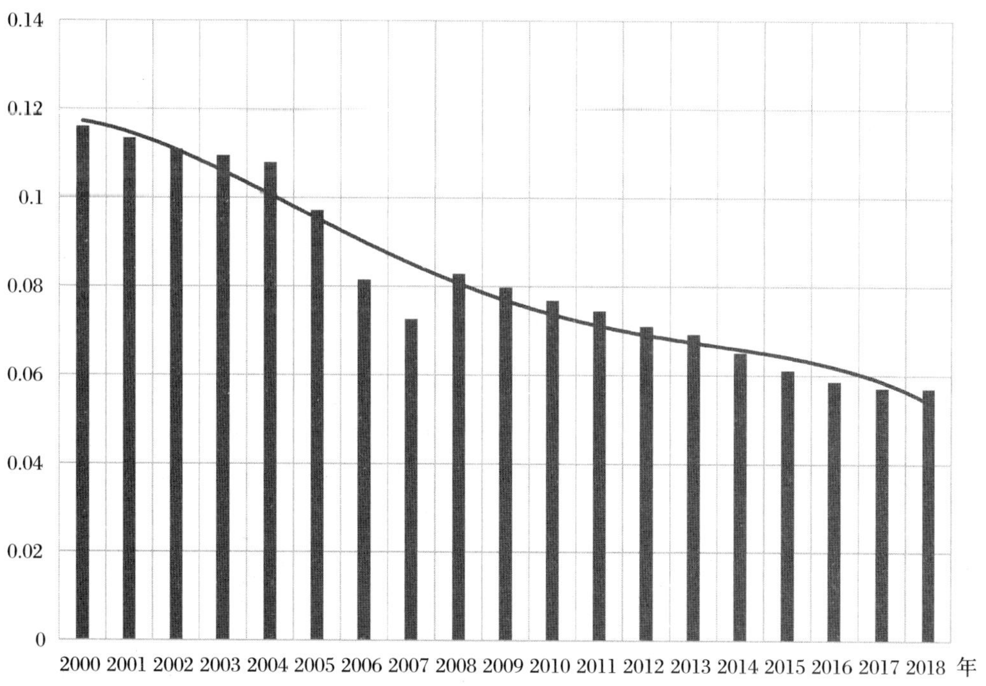

图5 银行竞争指标走势

第三，商票纳入标准化票据基础资产将实现中小企业与货币市场的直连和对接，帮助企业实现低成本融资。票据产生于供应链，并且广泛应用于供应链中的中小企业。中小微企业先运用商票把供应链中的应收应付票据化，再利用标准化票据将票据标准化。标准化商业承兑票据有助于打通信贷市场和债券市场两个主要融资市场，引入更多投资人群体，实现商票的价值发现功能，从而帮助中小企业间接实现直接融资，帮助企业实现低成本融资。

（五）商业承兑汇票电子化已成必然趋势

1. 电子商票提高银行与企业间管理资金的效率。2018年10月1日至5日，票交所顺利完成纸电票据交易融合工作，从10月8日开始，纸质票据和电子票据采用相同的业务规则和交易平台。电子票据已成绝对主流，品种仍以银行承兑汇票为主。从电子票据的推广来看，随着监管部门推动在大额票据交易和跨省票据交易中使用电子票据，近年来电子票据的规模快速上升，2019年，电子票据在全部商业汇票签发量中占比已达96%，银行承兑汇票在票据承兑余额中占比为86%。

银行承兑汇票因基于银行的信用，流动性和市场认可度较商票高。但是企业向银行申请银行承兑汇票承兑往往要缴纳一定比例的保证金，相比直接开立商票付款占用了一定的自有资金。若能解决商票流转的问题，企业更有意愿开立商票进行支付结算。商业承兑汇票通过网银即可开立，不受企业规模的限制，签发手续简便。随着电子票据的普及，企业通过票据融资效率非常高，开立电子商业汇票对于急需现金流的企业来讲可得到较为便宜资金，于企业、银行、人民银行都有利。

商业汇票承兑业务为实体经济不断提升信用水平。由于电子商业汇票业务可以全程电子化留痕，且期限较短，这有利于培养实体经济信用环境、提升经济实体的信用度。经济实体中的企业通过签发电子票据用于支付结算、贴现融资等活动，按时支付到期票款，就可以不断增强其在市场中的信用，进而提升企业信用记录，增强企业信用水平和融资能力。电子商业汇票相较于纸质商业汇票所特有的便利性与安全性，使电子商业汇票在流转过程中可以大幅提高流通的便捷性，切实提高银行与企业间管理资金的效率，同时也大大地降低了银行的运营成本。

2. 打通银企通道，实现供应链、产业链、贸易链的线上操作。突破供应链金融创新与应用，推进电子商业承兑汇票业务开展。打通银企通道，商业承兑汇票通过打通银行企业网银与企业网络平台，实现供应链、产业链、贸易链的线上操作。一是参与主体多，更方便农业供应链、工业供应链、流通供应链通过电子商业承兑汇票业务快速组链，企业可利用商业承兑汇票解决账款拖欠、资金流转等问题，缓解供应链上小微企业融资难、融资贵的矛盾。二是以电子商业承兑汇票为媒介，使供应链核心企业与商业银行、相关企业开展合作。三是由于电子商业承兑汇票将自带参与主体绿色及涉农标志，更有利于深化调控作用，推动绿色票据、绿色供应链业务的发展。

3. 融资渠道便捷化，借助银行秒贴、票付通、贴现通等实现支付融资流转。国家监管部门鼓励票据服务实体经济需求，票付通、贴现通为票据电子化提供了很好的平台，便利信用交流，加强政策支持，推动了电票服务。票付通是票交所基于供应链、B2B（企业对企业）电商业务场景向广大企业提供的线上票据支付产品，为企业提供安全、便捷、高效的线上账期支付工具。票交所于2019年1月26日和5月25日分两期投产了“票付通”核心业务功能。票交所数据显示，截至2019年底，7家试点机构携手23家平台，累计签约企业802户，发起7462笔票据支付业务，金额合计68.66亿元。贴现通创新业务在新冠肺炎疫情期间为中小微企业破解融资困局。疫情期间，为解决企业不能通过线下银行网点办理票据贴现业务的现实困难，票交所大力推广贴现通线上创新业务。

票付通、贴现通都为应收账款票据化提供了很好的支付平台，同样票据贴现平台，也为商业承兑汇票支付变现（包括为应收账款票据化的票据支付、融资）提供了高效服务。网络贴现是互联网时代服务金融、服务企业的票据融资新方式，效率高，对于应收账款票据化的商业承兑票据具有积极意义。

二、中小微企业发展需要商业承兑汇票支持

（一）中小微企业的困境是融资难、融资贵

2018年11月1日，习近平总书记在民营企业座谈会上的讲话曾说到，截至2017年底，我国民营企业数量超过2700万家，个体工商户超过6500万户，注册资本超过165万亿元。概括来说，民营经济具有“五六七八九”的特征，即贡献了50%以上的税收、60%以上的国内生产总值、70%以上的技术创新成果、80%以上的城镇劳动就业和90%以上的企业数量。国内外的实践均表明，受治理结构不健全、财务管理不规范、规模体量偏小等多方面的制约，中小微企业很难通过股票、债券等直接融资渠道获得资金。而在间接融资中，银行贷款需要抵（质）押物、担保等必要手续，中小微企业同样较难获得。

目前在交易性票据中，银行承兑汇票占比高达82%，商业承兑汇票占比仅为20%左右。银行承兑汇票“一家独大”的状况既限制了小微企业票据融资的规模和范围，也不利于我国票据市场的多元化发展。目前，全国使用票据的企业超过260万家，其中90%以上是民营小微企业，中小企业占比超过三分之二。中小企业规模小、抗风险能力差，且市场缺乏一套完整的信用监督体系，影响了商业银行对中小企业商业承兑汇票票据融资的态度。

第一，在中国经济结构进一步调整的宏观背景下，许多中小企业投资收益率下降、资本回笼速度变慢、企业票据信用风险暴露的可能性增大。虽然商业银行与财务公司所开具的商业汇票均为银行承兑汇票，但是财务公司所开具的承兑汇票在市场上的认可度低于商业银行。第二，我国中小企业会计信息质量与经营状况透明度不高，商业承兑汇票的受益人在接收商业承兑汇票时需要考虑未来资金回收的确定性以及提供资金融通便利的回报率。中小企业的资信现状使商业承兑汇票的受益人要求的风险报酬率提高，中小企业开立商业汇票的

融资成本也随之上升。

（二）商业承兑汇票是支持中小微企业发展的有效金融工具

票据是与实体经济联系最为紧密的金融工具，在服务中小微企业方面具有独特优势。商业承兑汇票本质上是商业信用流通和信用传递的工具，优质核心企业通过签发商票，将自身信用输出并辐射到企业生态链中，能够有效缓解中小企业授信难、融资贵的问题。目前，全国使用票据的企业超过260万家，中小企业占比超过三分之二。从企业开票量看，截至2019年末，出票人为中小微企业的票据承兑余额为8.89万亿元，占全部承兑余额的69.84%。从背书量看，2019年全年，背书企业为中小微企业的背书金额为36.26万亿元，占全市场的78.01%。规模以上工业企业数和商业承兑汇票余额相关性达到60%以上，如四川、湖北、广东等地区，规模以上工业企业数总量较大，同时商业承兑汇票余

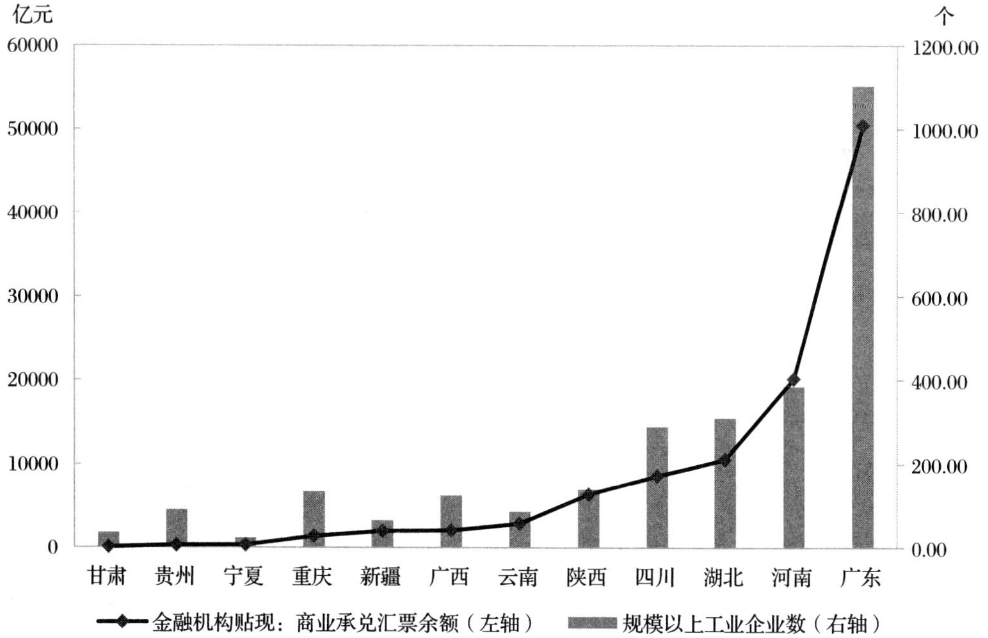

数据来源：中国人民银行，国家统计局。

图6 省、自治区、直辖市 2019年末规模以上工业企业数与商业承兑汇票余额比较

额也较大，这些地区整个商业金融环境较好，商业承兑票源比较丰富。应创新商票业务模式，着手解决商票市场流通难题，结合票交所与金融科技搭建商票企业信用体系，推动商票承兑汇票市场发展，提高企业使用票据的意愿。

（三）疫情后，更需要商业承兑汇票的支持

2019年12月末，全国票据贴现发生额343000亿元，票据贴现余额76000亿元，其中票据贴现余额最高的省份为江苏省，达到7116.7亿元，票据贴现余额最低的省份是贵州省，达到110亿元。新冠肺炎疫情期间，一些企业急需通过票据贴现来填补资金缺口，尽快复工复产，尤其目前疫情防控常态化大环境中，持票企业可以借助商业承兑汇票业务，获取资金支持。伴随经济逐步恢复，企业开票量增速可能进一步回落，票据承兑余额增量继续下降。应发展票据全产品链作用，更好地服务应收账款变现工作，使在供应链中产生的应付账款都可以运用票据尤其是商业承兑汇票，以此推动承兑更好地发挥支付功能、推动融资更好地发挥信用功能、推动交易和投资更多地引入金融市场资金活化票据。

三、商业承兑汇票服务中小微企业创新思路

（一）总体思路

1. 发展融资型商业承兑汇票。目前我国商业汇票仍以银行承兑汇票为主，截至2019年末，银票在票据承兑余额中占比为86%，其余为商业承兑汇票。目前在统计存量票据的时候，有三个构成：一是经银行贴现后的票据，即票据融资余额；二是未经贴现的银行承兑汇票余额；三是未贴现的商业承兑汇票余额，由于不属于从金融体系获得融资，故不计入社融规模，这部分规模目前较低。2019年末，票据承兑余额占社会融资规模的比例为5.07%，比上年提高0.2个百分点，票据贴现余额占人民币贷款余额的比例为5.34%。

第一，企业采用商业承兑汇票取代现金支付，获得延期支付的信用，而收票企业可通过银行授信的商票贴现或商票保贴获取资金。银行承兑汇票，从承兑之日起需按风险敞口全额计提风险资产和拨备，对资本充足率低的商业银行信贷经营形成较大压力。第二，商业承兑汇票在背书流转期间，未进入银行系统办理贴现，不占用银行授信窗口，银行无须计提风险资金。发展商业承兑汇票业务，能够有效促进企业直接融资融信，降低企业融资成本。第三，商业承兑汇票能够减轻商业银行信用风险与承兑压力，避免票据市场风险过度集中于银行体系，使票据业务朝多元化方向发展，有利于减轻金融市场风险。第四，由于商票对于供应链金融的重要作用所在，我国商票的发展可能由于其支付结算及融资的双重属性而产生类别的分化，未来应转变理念，商业承兑汇票服务中小微企业，同样可以实现支付及融资功能；在商票完全发展为企业融资工具之前，大力发展融资型商业承兑汇票。

2. 引入担保基金机制，提高商业承兑汇票信用。我国重视银行信用，且一定程度上银行信用几乎等同于国有信用，因此票据信用对银行信用的依赖性过强，造成票据市场品种结构不合理，呈现银行承兑汇票占绝对主导、商业承兑汇票发展受制约的不均衡特征。

商业承兑汇票能有效推动社会信用体系的建立与完善，社会信用体系是商业承兑汇票市场发展的基础，商业信用基础薄弱是制约商业承兑汇票市场发展的重要因素，票据市场过度依赖银行信用，以银行信用为基础的银行承兑汇票占据主导地位，以企业信用为基础的商业承兑汇票的市场份额较低。我国商业信用体系不健全，缺乏与企业商票相关的信息披露、数据统计、违约处置等有效的顶层设计，受制于制度设计与监管、市场信用环境等内外部因素，商业承兑汇票市场依靠市场力量自发完成过渡至“商业信用的自主发展阶段”已经遭遇瓶颈。

引入担保基金机制，提高商业承兑汇票信用，由财政及国家和省地担保基金贴息和担保，可以起到缓解许多实体特别是中小微企业的融资困难的效果。

财政对承兑汇票到期垫付应予以一定比例支持，对贴现资金可给予一定的贴息补贴。国家和省地市担保基金可以给予承兑保证。发挥财税担保基金作用，支持发展电子商业承兑票据，服务实体经济既可以使实体经济得到保障，又可以以相对较少支出得到更多的实际支持，使商业承兑发挥“四两拨千金”的作用。

3. 各省市建立商业承兑信用平台。推动商业承兑信用平台是一项系统性工程，涉及政府部门和人民银行基础设施和金融机构各个方面，需要大家发挥合力。如果商业信用达不到公开透明，则会使企业与企业间、银行与企业间信息不对称，商业承兑汇票兑付环节的风险难以控制。中小企业存续时间普遍相对较短，财务制度大多不够完善，这些都会影响到企业资信，进而增大企业开立银行承兑汇票的难度。《中华人民共和国票据法》规定，商业票据的开立必须建立在真实交易的基础上。相较于商业银行，普通企业很难获取其他企业的资信信息。企业之间的信用体系大多建立在长期合作的基础上。因而，中小企业以商业承兑汇票作为实际付款方式严重不足。

票据电子化时代的发展，应发挥电子商业承兑汇票服务各省市地方企业的积极作用。解决商业承兑汇票票据市场中仍存在的贴现环节信息不对称问题。建议由工信部门与人民银行各省分行总部牵头，商业银行参加，摸清商业承兑汇票底数以及企业信息；各省市可以通过票交所推动对开票企业信用状况的研究、评估和评价，促进对企业征信体系的完善，建立商业承兑信用平台，归集信息并推动票据评级体系的建设。国务院、人民银行、银保监会、票交所都表示，在政策上支持推动商业承兑汇票的发展，并且国务院发文指出，应适当降低银行对信用良好企业的承兑汇票保证金比例。长三角地区各项票据业务量在全国占比为三分之一左右，这为票据业务的创新打下了坚实的基础。长三角地区的相关部门可以加强政策的引导，对长三角地区重点城市、重点行业、重点推进领域的商业承兑汇票做到心中有底数，可以通过搭建商业承兑信用平台，建立协同机制和推动机制，进而总结推广逐步开展。

4. 工信部门牵头，设立白名单企业标准并推广。商业承兑汇票拒付率相对较高、波动较大，与企业年末资金紧张有关，一般在年末违约拒付比例较高，在下一年度第一季度有所回落。从金额上来看，大额商业承兑汇票的拒付率较高，表明较大面额的商业承兑汇票易引致债务人发生道德风险，从而发生拒付。虽然人民银行会定期发布违规签发商业承兑汇票的出票人警示名单，但是相对应的惩戒措施不足，违规签发商业承兑汇票的出票人违约成本低、违约概率大。许多银行担心商票到期企业不能兑付会形成新的不良资产，一些银行只认可在本行系统内已建立信贷关系且信用等级较高的企业，实行白名单制管理，商业承兑汇票的市场认可度也较难提高，导致商业承兑汇票市场整体发展速度缓慢。建议由工信部门牵头，统筹安排，明确商业承兑汇票发展目标，设立白名单企业标准，前期白名单的企业可多为行业排名靠前或市场认可度较高的大型企业，此后总结并推广。

5. 规范发展票据信用市场。目前票据评级仍是一个空白领域。近期票交所有动作，搭建了商业承兑公示信息披露平台，为下一步推进发展创造条件，进而构建商票信用体系。应规范发展票据信用市场，使商业承兑汇票服务中小微企业。为解决商票信用信息不对称问题、加强商业汇票信用体系建设，2020年第二季度末人民银行和票交所就商业汇票信息披露事项，起草并发布了《关于规范商业汇票信息披露的公告（征求意见稿）》（以下简称《征求意见稿》），规范承兑人商业汇票信息披露，建立承兑人信用约束机制，以改善实践中商业承兑汇票因信用问题导致其流动性和融资便利性较低的问题。

评级体系建设滞后是商业承兑汇票发展受到制约的重要原因之一，由于票据市场信用体系不完善，在整个供应链中，只有一些信用较好的大型企业才能签发具有流通价值的商业承兑汇票，严重阻碍了商业承兑汇票的发展。特别是商业承兑汇票，只要解决信用问题，对于企业是便利支付、便利流转、便利融资、便利应收账款优化结构、便利效率提高和便利减少成本的重要金融工具。《征求意见稿》为推进商票发展、推动应收账款票据化创造了有利条件。

商票信用评级体系应包括付款企业评级、整张票面评级和商票市场专项履约指数，也包括票据存托机构、经纪机构、评级机构、承销商及投资机构等的成熟以及分工配合。监管部门可以考虑并引入社会征信服务机构，对所有商业承兑汇票的承兑人、保证人的兑付履约行为进行公开评级，以此降低票据受让人的授信风险和授信成本，提升交易的便捷性。再者是加强增信措施缓解可以有效打消投资者顾虑，助力中小企业顺利融资，形成较为完整的经济社会票据信用生态环境，为应收账款发展票据创造条件。

（二）具体方案

1. 银行承兑担保，规范高比例担保票据业务。尤其是商业承兑汇票贴现则是一项普通业务，票据的流通性取决于票据承兑人的信用等级，信用级别越高的商业汇票，其流通性越强；流通性差的商票贴现利率高企，增加了持票人融资成本，而没有银行做保贴的商票更难以在市场上流通，因此企业往往不愿意接受商业承兑汇票。商票与银行开具的商票保贴保函一起流转的情况曾一度出现，但贴现银行无法辨认保贴保函的真伪，不支持非授信企业的商票贴现申请，收票企业只能向商票授信银行申请贴现，因此商票保贴保函逐渐从市场退出。承兑担保，规范高比例担保票据业务。商业承兑汇票将在良好的信用环境中，摒弃过去的兑付风险担忧，从企业端看，出于支付目的的企业，签发电子商票流程上看只需得到供应商的认可；而出于融资目的的企业，电子商票的签发则要得到银行的认可，取得银行保贴或保证额度。

2. 解决直接承兑障碍。对于电子商业承兑汇票，因企业未直接接入票交所，需要开户行先核实承兑人账户资金余额，若足够支付票据到期款项，承兑人开户行代理承兑人进行到期付款操作，发展商业信用，鼓励企业利用票据直接融资。由于中小企业自身偿债能力受限且普遍缺乏公开市场发行产品的经验和能力，以商业承兑汇票进行直接融资常常又回到仅能以银行票据贴现业务来实现。未来应解决直接承兑票据障碍，如个性化特征比较明显、价格形成机制较为复杂、标准化程度不够高等问题。

（三）风险防范

近年来发生的票据违规案件和假票事件使银行机构加强了对票据业务的风险防控。发挥商业承兑票据融资的功能作用的同时，要防范票据风险，增强机构票据风险处置化解能力。2019年2月以来，票据承兑以及票据贴现业务的增速都明显放缓，票据套利现象也引起了政府部门的注意。2月20日，李克强总理在国务院常务会议上指出要关注票据套利风险:“降准信号发出后，社会融资总规模上升幅度表面看比较大，但仔细分析就会发现，其中主要是票据融资、短期贷款上升比较快。这不仅有可能造成‘套利’和资金‘空转’等行为，而且可能会带来新的潜在风险。”此后包括银保监会、地方监管机构等也陆续发文开始加强票据业务的监管。

各财务公司在提供供应链票据融资服务时，应严格按照相关法律法规审慎开展，坚持贴现业务的供应链交易双方中至少一方为集团公司成员企业的原则，防范金融风险。在电票和票交所时期，商票新的风险主要集中在票据的承兑端，也需要商业银行与政府相关部门通力强合作，以期可以根据企业客户在目前新的形势下的要求，不断进行金融服务创新以及提供超出商票承兑本身的其他柔性化金融服务项目，包括应收账款坏账管理与票据业务风险管理等。国家监管层鼓励票据服务实体经济需求，同时注意信用与操作风险的管控，防止票据空转和监管套利，以及防范电子票据时代新型系统风险。

总体来看，商业承兑汇票的扩容任重道远，但鼓励商票发展也是国家和人民银行期望的结果，因为商票的扩张恰恰是基于企业间贸易关系的商业信用的扩张，即便不进入银行贴现环节，只要商票能流通起来，基于核心企业的信用扩张有助于弥补因银行信用扩张不足带来的部分融资缺口。

参考文献

[1] 宋汉光．以票据市场规范创新助力中小微企业发展[J]. 当代金融家，2020(6)：6–9.

[2] 宋汉光．以规范创新引领票据市场高质量发展 [J]. 中国银行业，2019(5)：19-22.

[3] 汤莹玮，张婕珂．美国票据市场发展借鉴 [J]. 中国金融，2017(22)：81-83.

[4] 汤莹玮．信用制度变迁下的票据市场功能演进与中小企业融资模式选择 [J]. 金融研究，2017(22)：81-83.

[5] 孔燕．协同推动应收账款票据化 [J]. 中国金融，2020(6).

[6] 肖小和，王文静．新时代票据业务服务实体经济高质量发展 [J]. 金融与经济，2020(1)：72-78.

浅谈商业承兑汇票的现状与发展

叶丁鑫①

［摘　要］ 上海票据交易所（以下简称票交所）成立后，作为货币市场重要组成部分的票据市场步入了电子化时代，因此商业承兑汇票的发展前景将更加广阔，但由于各方面的因素，商票的发展现状不尽如人意。本文以国际票据市场的发展历程和我国商票发展的现状为切入点，剖析发展过程中发现的问题，探讨解决问题的可行性策略，展望商票的发展前景。

［关键词］ 商票发展历程　现状　问题　建议　前景

一、国际票据市场的发展历程

商业承兑汇票（以下简称商票）是由出票人签发，委托付款人在指定日期无条件支付确定的金额给持票人的票据，所以商业汇票首先是一种替代现金的结算工具，又由于商业汇票可向银行贴现，因此商业汇票也具备融资功能。商业汇票早于12世纪就应用于国际贸易，到了18世纪，商业汇票得到了快速发展。英国是当时世界上贸易最发达的国家，伦敦成为全球金融中心，伦敦的银

① 作者简介：叶丁鑫，现就职于中国民生银行泉州分行。

行对以自己的信用对外国进出口商签发的汇票进行承兑和贴现，大大提升了商业汇票的流动性。到了19世纪，商业汇票成为国际贸易中最常用的融资工具。

随着第一次世界大战的爆发，伦敦的金融业大受打击，美联储通过大量买入和持有银行承兑汇票、给予银行承兑汇票在一定限额内免除存款准备金等政策，支持商业汇票的发展。20世纪，随着美国经济的增长，银行承兑汇票市场也得到快速的扩张，1984年美国银行承兑汇票市场发展达到了顶峰。但20世纪80年代，受储贷危机的爆发、美联储取消对银行承兑汇票的政策优惠和电子化支付方式的发展等因素的影响，银行承兑汇票在融资中的比例逐步下滑。

伴随着银行承兑汇票市场的衰落，商业票据市场逐渐兴起。银行承兑汇票设计的初衷是用于支付结算，而商业票据是围绕融资目的进行设计的，相对于银行承兑汇票具有融资灵活性强的优势，加上货币市场基金对商业票据的投资需求增加，越来越多的融资者和投资者从银行承兑汇票转向了商业票据，这说明票据的核心功能向融资转变。

二、我国商票发展的现状

2010年以来，我国的商票业务得到了长足的发展，票据市场也在不断壮大。但在发展的过程中，由于部分金融机构内控制度不健全和人员风险意识缺乏等原因，票据市场风险事件频发，监管部门多次发文对票据业务进行整顿和规范，市场业务量在2015年大幅下滑，2016年后逐步回升，业务量有所增长。目前，商票的各项功能尚未被充分挖掘出来，市场参与者对开展商票业务的积极性不高，甚至部分机构为规避商票业务风险，直接不开展此项业务，导致商票业务发展较为缓慢。

（一）商票业务的总体规模和业务分布情况

经济的增长带动票据市场不断地发展壮大，票据承兑、贴现、转贴现规模也在随之不断地增长。从人民银行运行报告中的数据来看，全国商票的发生额逐年稳步增长，2015年进入了业务发展的快车道，但受票据风险事件频发及票据市场整顿等影响，2015年后商票的发生额大幅萎缩，直到2018年才有所恢复。相对于银行承兑汇票业务，商票业务发展相对缓慢，在票据市场中所占份额也较小，2018年全国商票的发生额只占了商业汇票贴现发生额的7.4%，商票占比过少的结构性矛盾比较突出。从地域的角度来看，东部银行业在全国银行体系中占主导地位，商票业务也主要在东部地区集中开展，中西部地区对商票的接受程度普遍较低。

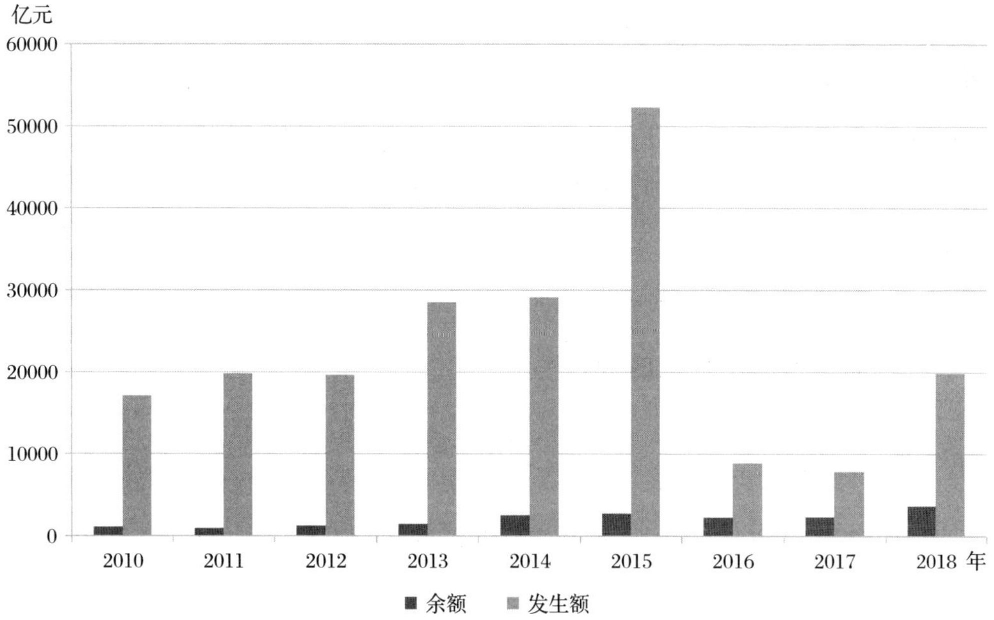

数据来源：中国人民银行各地区金融运行报告。

图1 2010—2018年商票发展情况

（二）各银行商票业务的经营情况

由于各商业银行的经营理念和风格迥异，对于商票业务的重视和参与程度也有所不同。

总体来看，国有商业银行在全国银行业体系中处于主导地位，规模庞大，但由于自身业务品种繁多，对于商票业务不够重视，商票相关业务的发展也停滞不前。与之有些类似的是城商行及中小银行机构，其对商票业务的重视程度更加不足。此类金融机构风格过于审慎，因为不愿意承担商票所带来的风险而少开展甚至不开展商票业务，这是一种极为消极的现象。票据市场发生风险事件后，国有商业银行、城市商业银行及中小金融机构对于商票业务基本采取“一刀切”的方式，除了开展少量授信客户的商票贴现业务，基本暂停开展二级市场的商票转贴现业务。

在商票业务推动方面表现出较高的积极性还是股份制商业银行，它们开发了多种多样的产品用于服务企业客户，也积极地参与商票的二级市场交易，从而带动商票业务的发展。例如，民生银行设置了专门的票据产品部门，开发了详尽的商票业务产品，细分合理，品种齐全，即使在票据市场整顿时期，也采取了加强授信管理、设立白名单等措施对商票业务进行规范，对商票的发展起到了积极的作用。

三、商票发展中存在的问题

结合国际票据市场发展历程和我国商票的发展现状，开发票据的融资功能是票据市场今后的发展方向。融资性商票是合适的融资票据发展方向，但在发展过程中存在不少问题。

（一）商票的流动性较差是发展过程中的主要障碍

1. 我国商业信用体系不健全，企业经营缺乏一个良好的社会信用环境，是导致商票在企业经营过程中认可程度低的主要原因。商业信用体系不健全导致企业间信息不对称，企业间缺乏信任，使商票在企业间的流转出现困难。目前，企业只愿意接收规模较大、合作较长的企业承兑的商票，对于一般企业或者异地企业承兑的商票基本持拒绝的态度；同时，企业经营也具有不稳定性，即使在出票时企业的经营情况是乐观的，也有可能在到期时由于企业财务出现状况导致商票无法如期兑付。

2. 由于经济下行，大型企业或上市公司曝出债务危机时有发生，此类情况一旦发生，其承兑的商票也将出现违约情况，这将给持票企业带来巨大的损失。与此同时，法律的监督层面也未及时跟进，相应的《支付结算方法》《中华人民共和国票据法》等法律法规没有明确、严厉的处罚策略和维权手段，商票违约的成本不高，导致持票人的利益得不到保障，这也是商票在目前很难成为市场交易工具的重要原因。

（二）银行的授信政策导向和重视程度不足是导致目前商票发展困难的主要因素

1. 商票融资主要依赖银行授信，商票的发展与银行对商票的推动力度密不可分。由于企业的商票融资主要还是基于银行授信，因此在银行办理商票业务的基本要求较高。大型企业和垄断性质的国企由于规模大、资金雄厚而备受银行业青睐，而民营企业和中小企业由于自身经营问题和银行授信政策导致授信难以获批，因此商票业务主要集中在大型企业和国企中使用，而民营企业和中小企业则困难重重。银行授信业务审批严格、流程烦琐，这些因素也严重影响了商票业务的办理时效。

2. 由于我国的银行业机构大多属于风险厌恶型或风险均衡型机构，对于推动商票业务发展的积极性不高。首先，商票的承兑主体是企业，相对于银行承兑汇票业务，银行必须承担较高的风险；其次，商票利率水平较低，会对企业的高利率贷款产生影响，从而影响银行的利润水平；最后，由于二级市场上大多数银行暂停交易商票，且监管部门严禁操作商票项下的卖出回购业务，导致商票贴现后银行的可操作空间较小。基于以上三点，银行对于推动商票业务的发展缺乏动力。

（三）企业观念落后，商票的推广受到阻碍

很多企业对于商票的功能不大了解，陈旧的观念成为商业承兑汇票推广的阻碍，再加上商业银行对于推动商票业务的态度不是很积极，导致商票业务的低迷。而且有些地区经济不发达，企业对于票据的概念依旧模糊，仍然认为现金等结算工具是最实用的，这从根本上制约了商票业务的发展。企业的重视程度不足，就不会花大力气去推广运营。就目前来看，大部分的企业在设备、人员、技术等基础设施方面的投资非常少，商票业务办理的基本条件就受到限制。

（四）商票的创新产品比较局限，无法发挥其优势

商票ABS对比传统融资产品设计，价格并没有优势，没有体现票据其自身的类标准化的特点。在商票ABS市场中，客户公开信息和信用资质不足，都是阻碍票据ABS相关产品发行的难点。从已发行的商业承兑票据资产证券化产品可以看出，其都从基础资产层面开始做起，再加入银行信用进行增信，产品的发行成本也随之增加。而且在时效性方面，在取得银行授信后，商票ABS从申报到发行成功，需要一个漫长的流程，与传统的商票贴现相比，融资的时效性有着巨大的差别。

结合上述观点，可以看出我国商票的发展仍然面对不少的问题。其中最主要的原因是社会商业信用体系不健全导致商票流转受限、市场接收度较低，进而导致商票发展较为困难。

四、商票发展的建议

（一）建立健全商业信用体系

票交所于2020年1月16日上线试运行商业汇票信息披露平台，2020年6月5日人民银行起草了《关于规范商业汇票信息披露的公告（征求意见稿）》并

向社会公开征求意见，票交所也于2020年6月7日发布了《商业汇票信息披露操作细则（征求意见稿）》，商业汇票信息披露平台的建设与完善正紧锣密鼓地进行着，这对解决商票信息不对称这个问题有重大的意义。随着越来越多主体的加入，信息披露或将成为各票据主体发行或流通的必然条件，票交所可借助该平台推动完善票据评级、违约惩罚等机制，推进票据市场商业信用体系的建立，从而对商票主体信用进行风险识别与定价，创造良好的信用环境，促进商票业务的健康发展。

（二）加大政策支持力度

首先，通过再贴现政策加大对商票的支持力度，尤其是民营企业和中小企业承兑的商票，通过政策的倾斜引导商业银行开展商票贴现业务；其次，建议开放银行间商票卖出回购业务，通过开放商票卖出回购业务，提高商票贴现后的可操作性，从而促进商票在二级市场的流通，充分调动商业银行的积极性。

（三）扶持市场增信机构的建立和发展

票交所成立后，系统增加了保证增信的功能，这为建立和发展第三方增信机构创造了条件，同时商业汇票信息披露平台的逐步完善也将为信息的透明度提供保障，因此建立专业的增信担保机构是一个切实可行的方法。发行主体可通过专业的第三方担保增信机构，有效降低企业使用商票融资的门槛，提升商票的流动性。

（四）推进多方机构参与商票市场，促进产品创新

首先，商票连接着实体经济和金融市场，它应当发挥其应有的作用，票交所可吸纳更多的机构参与其中，如基金、信托、保险等非银行机构，大力推进商票业务的发展。其次，通过发展标准化票据、票据资产管理、票据理财等业务，构建一个完整的存量票据运作模式。有了政策方面的支持，商票发展之路

会更加顺利，特别是民营企业和中小企业，获利会更大，将进一步促进票据市场健康发展。

五、商票的发展前景

商票的发展不是一蹴而就的，需要多方不断努力，商票也将迎来更广阔的空间。随着标准化票据的落地、区块链的兴起与应用，可尝试以此为突破口，推动商票的发展。

（一）以商票为基础资产，推动新型票据投资业务的发展

人民银行于2020年6月28日发布了《标准化票据管理办法》（中国人民银行公告〔2020〕6号），并于2020年7月28日开始实施，这是对票据现有交易机制的优化，进一步规范了票据市场，更好地发挥票据支持实体经济的作用。商票作为支持中小企业的重要工具，可能成为未来标准化票据最理想的基础资产，打通中小企业和货币市场的通道。随着披露平台和信用体系的完善，可以考虑将不同风险等级的商票进行打包，发行标准化票据产品，既满足市场参与者的各种投资需求，也能提升商票市场的活跃度，提高机构拓展商票业务的积极性。除此之外，票交所可根据市场参与者的日常经营需求，参考债券等成熟市场的经验，开发远期、期权、互换等票据衍生品，丰富场内票据产品，满足不同市场参与者的风险偏好。

（二）探索区块链技术在商票中的应用

区块链是分布式数据存储、点对点传输、共识机制、加密算法等计算机技术的新型应用模式，其技术能够让参与者在无须相互认识和建立信任关系的情况下，通过一个统一的账本系统确保资金和信息的安全。仔细分析，商票在自身特性、交易方式和监管要求方面，与区块链存在一定的契合度。首先，商票

凭借区块链的信任保证机制，可以不需要中心化系统或强信用中介作信息交互和认证，而通过区块链技术解决信任问题，当记录越来越多的时候，甚至可以通过记录创造信用；其次，借助区块链技术开放性的优势，参与者易于建立基于关键字或其他方式的信息查询，提升信息的有效性，并让信息更快地传导至需求者，减少市场信息的不对称，提升市场信息的透明度；最后，利用区块链可编程的特点，可通过编辑一段程序控制价值的限定和流转方面，有助于形成市场统一的规则，降低监管成本，建立更完善的市场秩序，有效地发挥票据服务实体经济的作用。因此，可以从商票的特点和存在的问题出发，运用区块链技术构建可靠的技术方案，搭建可信的交易环境，从而促进商票的发展。

综上所述，随着票交所基础建设的日趋完善、票据市场交易量的扩容和交易活跃度的提升，商票的广度和深度都得到了极大的拓展，丰富多样的业务模式也将对商票的发展起到积极的作用。商票是充满潜力的，但仍需多方的共同努力，形成规范的制度，不断地创新并完善运作模式，这样才能充分发挥商票的作用，让它在金融市场中大放异彩。

参考文献

[1] 李维维 . 融资性票据的合法化路径探析 [J]. 中国财经政法大学研究生学报，2019(2)：149−156.

[2] 张立洲 . 票据革命 [M]. 北京：中信出版社，2019.

[3] 宋颖颖 . 新实体经济环境下商业承兑汇票业务的机遇和挑战 [J]. 上海金融学院学报，2016(6)：95−101.

[4] 汤莹玮 . 信用制度变迁下的票据市场功能演进与中小企业融资模式选择 [J]. 金融研究，2018(5)：37−46.

疫情时期票据融资服务实体经济研究

李　蕾　易　扬　艾晓坤　吴越年[①]

［摘　要］ 2020年以来，新冠肺炎疫情对我国经济社会发展带来前所未有的冲击，在疫情防控常态化的大环境中，对金融支持实体经济提出了更高的要求。融资是企业发展过程中的重要环节，企业应当与时俱进，科学、合理地选择最合适的融资方式。本文从小微企业融资难问题出发，比较当前主要的企业融资方式，结合疫情期间中央出台的各项融资便利政策，分析票据融资工具的优势及存在的问题，并从推进标准化票据建设、善用金融科技和票据基础设施等角度，对如何进一步充分发挥票据融资功能进行探讨。

［关键词］ 新冠肺炎疫情　票据融资　企业融资方式　实体经济　小微企业

经过多年的发展，票据业务已有取代短期、长期信贷，成为最重要企业融资方式的趋势，同时在货币政策传导工具中的地位与作用不断增强。票据市场与实体经济运行联系紧密，票据本身所具有的支付功能和信用功能的双重角色使银行可以利用票据为实体经济发展提供融资支持。

① 作者简介：李蕾、易扬、艾晓坤、吴越年现就职于兴业银行。

2020年5月10日，人民银行发布《2020年第一季度中国货币政策执行报告》，提出在疫情防控常态化前提下，坚持稳中求进工作总基调，坚持新发展理念，加大“六稳”工作力度。稳健的货币政策要更加灵活适度，根据疫情防控和经济形势的阶段性变化，把握好政策力度、重点和节奏。加强货币政策逆周期调节，把支持实体经济恢复发展放到更加突出的位置。强调要充分发挥再贷款再贴现政策的牵引带动作用，为疫情防控、复工复产和实体经济发展提供精准金融服务。

一、企业融资渠道比较分析

（一）非票据融资方式特点及不足

在我国，企业目前的融资渠道包括间接融资和直接融资，间接融资主要为银行类金融机构提供的贷款以及以银票、保函、信用证为代表的供应链融资；直接融资包括资本市场的股权融资、债权融资和通道融资等。但对小微企业和民营企业而言，能满足其资金需求的融资渠道要相对少得多，融资难、融资贵已成为制约小微企业和民营企业进一步发展的瓶颈。

银行贷款方面，银行资金来源和自身定位决定了银行贷款在风险偏好方面的审慎态度，在进行信贷审查时优先选择规模较大、发育成熟、信誉良好、具有稳定还款来源的大中型企业，而小微企业、民营企业、创业企业往往难以满足贷款要求的条件。如办理抵押贷款时，上述企业难以提供估值足以覆盖贷款金额的抵押品，同时贷款办理流程相对冗长复杂，影响融资的效率，不适用于对流动资金需求较为迫切的企业。

贷款成本是影响企业融资的另一重要因素，近10年央行1年期以上贷款基准利率基本在5%以上，当面临经济下行压力时，考虑到企业客户的经营风险较高，银行往往还会提高贷款利率，形成足够的风险溢价，以覆盖贷款的信用风险。同时，小微企业由于风险防范能力相对较弱，贷款利率较大中型企业相对更高。这种与经济周期同步的信贷政策，一定程度上削弱了贷款支持实体经济、助力小微企业的功能。

直接融资方面，目前，我国多层次的资本市场尚不健全，远远不能满足小微企业的要求。由于进入证券市场首先需要满足《中华人民共和国公司法》规定的条件，能够发行股票和债券进行融资的首先是大中型上市公司，大量的小微企业则被排除在资本市场之外。即使是具有发债资质的非上市企业，若是发债主体评级较低，也不得不通过溢价发行的方式吸引市场投资者认购。而通道业务融资成本则包含一定的通道费用，对小微企业也是较重的负担。

（二）票据融资优势分析

第一，票据是小微企业和民营企业普遍具备的融资手段。与债券、股票等融资手段相比，票据融资中的小微企业占比更高，具有更强的普惠金融属性。在电子商业汇票系统中，存量办理票据业务的企业客户有数百万之多，其中包括大中型企业，更多的是大量小微企业客户，票据承兑、贴现及背书转让等业务与各类供应链、产业链深度融合，渗透于企业采购、生产、销售等环节。供应链中的核心企业签发或转让票据至上游供应商，以实现采购支付，接受下游企业开出票据用于完成货物销售，借助票据可以带动供应链内上下游买卖交易，实现资金在供应链内的顺畅流动。

第二，票据融资对企业造成的负担和限制较小。首先，票据融资成本低，可为小微企业节约资金。票据承兑业务在较长一段时间内手续费维持在万分之五，票据贴现业务一年期银票（国股承兑）贴现价格在3%以下，均远低于同期流动资金贷款基准利率。其次，票据承兑具有延期支付的特点，有利于企业缓解流动性紧张，使资金可以投到企业急需的日常经营运转中去。再次，开票的担保措施较宽松，与贷款需提供足额抵押物不同，企业向银行申请承兑电子银行承兑汇票，仅需缴纳一定比例的保证金，存入银行的承兑保证金还可产生利息，为企业带来短期资金收益。最后，企业可以自由支配通过票据贴现获得的资金，同银行贷款需指定用途相比更为灵活。因此，企业办理票据业务可有效降低财务成本、优化企业资产负债结构、改善经营状况。

第三，票据具有较高的变现能力。在资产的流动性分类中，商业票据同现金和活期存款一样，属于流动性资产，无论纸质商业汇票还是电子商业汇票，其最长付款期限均在1年以内。相比之下，银行贷款中除短期贷款期限在1年以内之外，中长期限贷款周期均在1年以上，信用债除短融期限在1年以内，中票、企业债、公司债品种的期限均在1年以上。同时，票据基于买卖交易关系产生，现金流来源明确，其中银行承兑汇票还以银行信用作为支持，使票据相对于其他资产具有更低的信用风险和更高的兑付预期，银行因此也有更强的意愿配合企业开展票据贴现。

第四，票据业务办理效率高。相较于贷款，票据融资的利息是先行收取的，且在担保措施、风险评估等方面相对简便，商业银行为企业办理票据融资的时间远短于办理贷款的时间，签发审批手续也更为快捷。通常情况下，2个工作日内即可完成出票、承兑和贴现等环节。此外，票据还具有电子化程度高的特点。上海票据交易所（以下简称票交所）的成立，使票据交易进入了全国统一市场的电子化交易时代。市场主体于票据交易所进行报价、交易、登记、托管、清算及办理再贴现，有效防范信息不对称产生的风险，大幅提高了票据市场的透明度和交易效率，进一步促进了票据的二级市场流通。票交所和商业银行还积极运用金融科技，推出各类提升融资效率和便捷度的产品，有助于复工复产中的小微企业快速获取融资。

二、疫情期间票据业务的融资功能

（一）借“再贴现”业务通道输血小微企业

据统计，中小微企业在票据签发总量中的占比超过三分之二，票据作为将核心企业信用迁徙至民营、小微企业的金融工具，是解决小微企业融资难、融资贵的重要抓手。

疫情发生以来，中央多管齐下，针对抗疫保供、复工复产连续出台金融政策，助力实体经济尤其是小微企业发展。其中包括三项与再贴现相关的金融政策，覆盖面逐步扩大、为企业有序复工复产提供了低成本、普惠性的金融支持。

表1　疫情以来针对小微企业的金融支持政策

时间	政策
2020年1月31日	3000亿元专项再贷款，向主要全国性银行和湖北等重点省份的部分地方法人银行提供低成本资金，支持银行向重点医疗防控物资和生活必需品生产、运输和销售的重点企业提供优惠利率贷款。
2020年2月26日	为支持企业有序复工复产，新增5000亿元再贷款、再贴现额度，重点用于中小银行加大对中小微企业信贷支持。同时下调支农、支小再贷款利率 0.25 个百分点至2.5%。
2020年3月1日	对于2020年1月25日以来到期的困难中小微企业，银行应给予临时性延期还本安排。还本日期最长可延至2020年6月30日。
2020年3月13日	人民银行决定3月16日实施普惠金融定向降准，并对符合条件的股份行额外降准1个百分点，释放流动性5500亿元。
2020年3月31日	国务院常务会议提出增加中小银行再贷款再贴现额度1万亿元。支持金融机构发行3000亿元小微金融债券，全部用于发放小微贷款。
2020年4月3日	对农商行、农合行、信用社、村镇银行和仅在省级行政区域内经营的城市商业银行定向下调存款准备金率1个百分点，共释放长期资金约 4000亿元。引导中小银行将获得的全部资金以优惠利率向中小微企业贷款，扩大涉农、外贸和受疫情影响较重产业的信贷投放。
2020年4月21日	国务院常务会议决定将普惠金融在银行分支行综合绩效考核指标中的权重提升至10%，将中小银行拨备覆盖率监管要求阶段性下调20个百分点，促进加强对小微企业的金融服务。
2020年5月22日	政府工作报告提出鼓励银行大幅增加小微企业信用贷、首贷、无还本续贷。大型商业银行普惠型小微企业贷款增速要高于40%。中小微企业贷款延期还本付息政策再延长至明年3月底，对普惠型小微企业贷款应延尽延，对其他困难企业贷款协商延期。
2020年6月1日	人民银行等部门出台支持小微系列政策。
2020年7月1日	下调再贷款、再贴现利率。其中，支农再贷款、支小再贷款利率下调0.25个百分点，调整后，3个月、6个月和1年期支农再贷款、支小再贷款利率分别为1.95%、2.15%和2.25%。再贴现利率下调0.25个百分点至2%。

图1和图2分别展示了2020年1月至5月全国票据承兑量和贴现量的情况。受新冠肺炎疫情的冲击，企业复工复产率低，2020年2月全国票据承兑量、贴现量明显下降。根据票交所公布的商业汇票月报统计，2020年2月票据承兑量环比下降43.23%，票据贴现量环比下降28.44%。

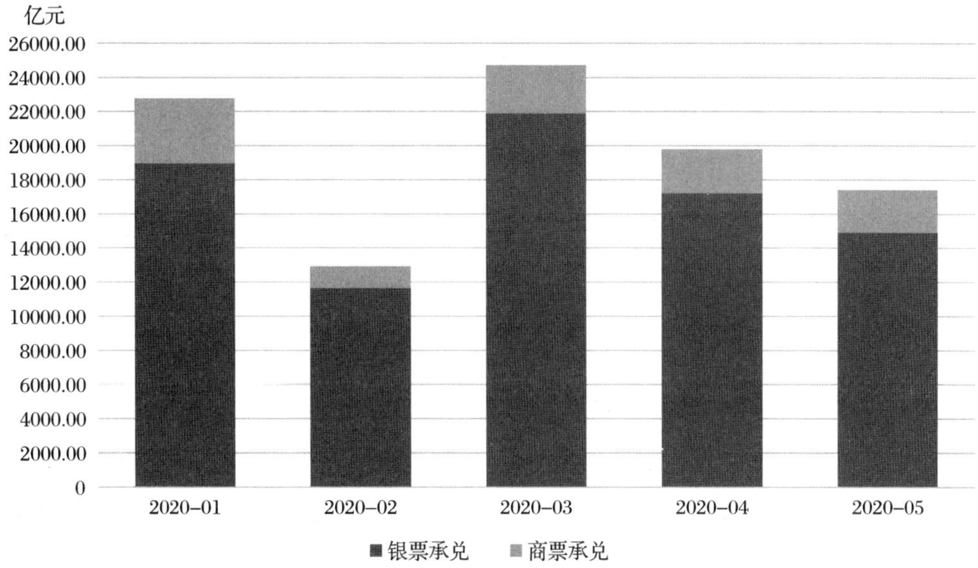

数据来源：上海票据交易所网站统计月报。

图1 2020年1月至5月票据承兑量统计

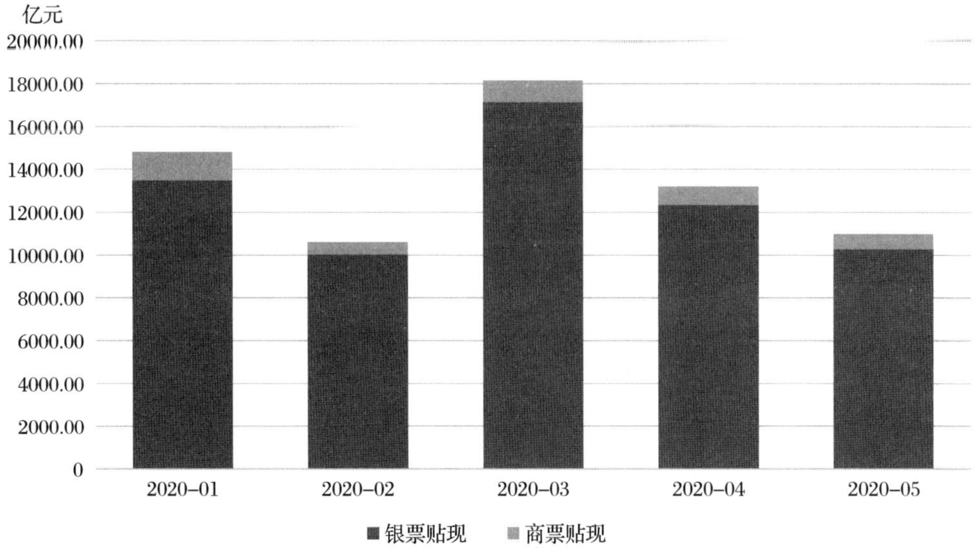

数据来源：上海票据交易所网站统计月报。

图2 2020年1月至5月票据贴现量统计

2020年2月26日，人民银行下发《中国人民银行关于加大再贷款、再贴现支持力度促进有序复工复产的通知》（银发〔2020〕53号），增加再贷款再贴现专用额度5000亿元，切实解决企业复工复产面临的债务偿还、资金周转等难题。随后，2020年3月全国票据市场承兑量和贴现量就有了明显的上升，根据票交所公布的商业汇票月报统计，票据承兑量环比增长91.26%，票据贴现量环比增长71.14%。

（二）贴现利率优惠，降低实体经济融资成本

随着疫情期间一系列支持小微企业金融政策的出台，在充分发挥再贷款再贴现政策牵引带动作用的情况下，小微企业的融资环境得到切实改善，融资成本明显下降。

深圳地区票据市场较为成熟活跃，故本部分结合深圳地区票据市场数据进行具体分析。

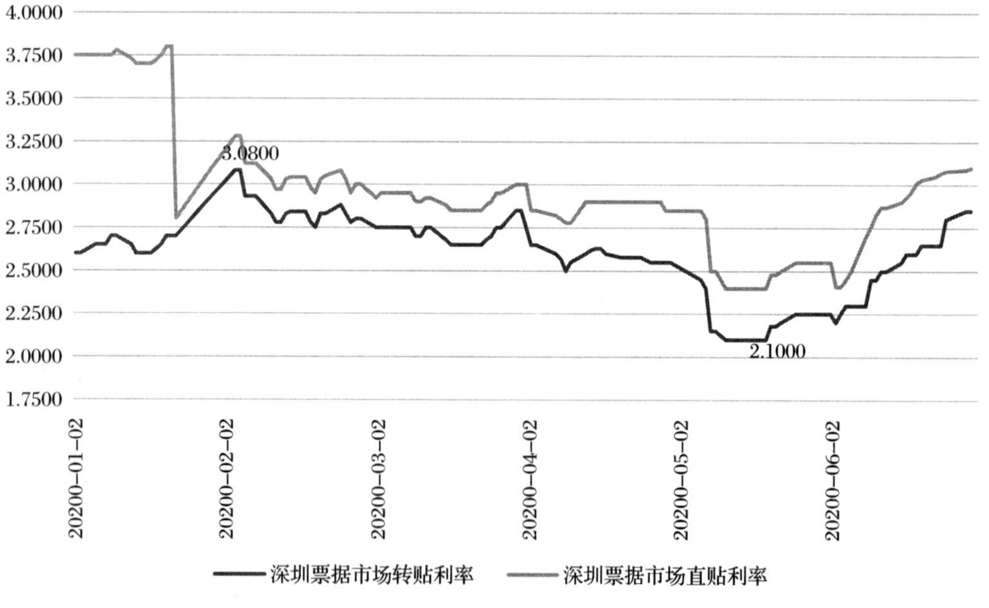

数据来源：根据深圳地区每日转贴市场、直贴市场报价加权获得。

图3　2020年1月至6月深圳地区票据市场利率

如图3所示，2020年2月到5月，票据直贴利率、票据转贴利率整体呈下降趋势，在5月中旬达到最低点2.10%，从5月中旬到6月初这段时间内，直贴价格均低于2.25%。2020年上半年三轮再贷款再贴现政策陆续出台，规模逐渐增加，共计1.8万亿元的额度，受惠群体是广大小微企业。

在再贷款再贴现投放逐级加码的背景下，与贷款相比，票据贴现仍然有明显的成本优势。2020年1月31日第一轮3000亿元专项再贷款投放，要求金融机构运用该资金发放贷款的利率不能超过最近一次公布的1年期贷款市场报价利率（LPR）减100个基点，为2.85%，加上50% 的财政贴息，确保企业实际融资成本降至1.6%以下。该部分资金用于支持重点医疗防控物资和生活必需品生产、运输和销售的重点企业。2020年2月26日第二轮5000亿元再贷款再贴现资金投放，要求金融机构运用该资金发放的贷款利率不高于最近一次公布的1年期LPR加50个基点，为4.35% 。2020年4月20日1万亿元再贷款再贴现资金投放，引导中小银行以5.5%左右的优惠利率向量大面广的中小微企业提供贷款，总体平均融资成本在5.5%以内。在此期间，票据直贴利率最高仅为3.08%，最低为2.10%，票据贴现成本远远低于同期贷款成本。

三、充分发挥票据融资功能所面临的问题

（一）票据融资受政策影响较大

从近年来的票据市场发展情况看，票据市场规模波动受政策因素影响较大。首先是监管政策，在经济高速发展的背景下，金融过度创新容易导致系统性风险，由此带来对严金融监管的高度重视。2017年3月以来，银保监会（原银监会）连续出台5号、45号、46号、53号文等一系列文件，开展了整治银行业市场乱象，防范系统性金融风险的“三三四十”专项治理。2018年4月，人民银行、银保监会、证监会、国家外汇局联合发布《关于规范金融机构资产管理业务的指导意见》（即资管新规），金融去杠杆力度增强，银行表外业务成

为整治重点。资管新规正式稿对资管产品投资银行信贷资产方面作出明确要求：“金融机构不得将资产管理产品资金投资于商业银行信贷资产”，此后票据资管业务暂停。受票据资管业务量减少的影响，票据市场转贴利率上行压力增大，并向前传导，导致票据直贴利率上行压力也增大。其次是货币政策，国务院和人民银行根据宏观经济运行情况周期性或有针对性地调整货币政策，也会直接影响票据市场的利率、成交量和各类业务的占比。2020年上半年针对疫情期间小微企业的支持政策出台，直接导致票据市场利率显著下降。而经常性的票据市场剧烈波动，不利于票据市场充分发挥融资作用。

（二）票据贴现受信贷规模影响较大

票据贴现属于银行表内资产，需要占用贴现行的狭义信贷规模，因此票据贴现受信贷市场波动的影响较明显。对于商业银行来说，票据贴现还具有调节信贷规模的功能，可以在特定时间通过调节票据贴现规模满足监管考核要求。

当市场信贷需求较强劲时，银行会压缩票据贴现规模，将更多的空间让于利率更高的一般贷款，从而获得更高利润。反之，银行则会增加票据贴现规模以补充信贷规模的不足。票据贴现规模受贷款规模影响很大，因此银行票据贴现规模不一定能反映企业真实的票据融资需求，客观上限制票据充分发挥融资功能。

同时，票据转贴现市场与票据贴现市场之间存在着微妙的传导机制。由于票据贴现受信贷规模的影响，金融机构间的票据转贴交易量、转贴利率会随着信贷规模的变化而变化。而票据转贴现的市场流动性又进一步反馈至票据贴现市场，影响票据贴现价格，最终影响企业的票据融资行为。

（三）小微企业自身的风险特征明显

部分小微企业存在财务制度不健全、经营管理理念落后、风险抵御能力弱等问题。首先，小微企业财务制度不健全是其融资难的“硬伤”。绝大多数小微企业内部缺乏健全的财务管理体系，内部资金调度能力差，资本周转效率低，在存货管理和债权债务管理方面随意性较强。这些问题使企业财务账目管理混乱，加剧企业融资困难。其次，小微企业的经营管理理念普遍比较落后，目前我国小微企业技术水平普遍偏低，高级人才多倾向就职于大中型企业，客观上造成小微企业经营管理理念的落后。最后，小微企业资本相对匮乏，风险抵御能力弱。小微企业受制于设备相对落后、技术水平低等原因，固定资产和流动资产较少，很难满足银行贷款的条件，一旦资金链断裂，其生产将遭遇极大困难。

小微企业的特殊性决定了其融资渠道单一、资金供给渠道狭窄的特点。小微企业由于负债较多，经营业绩不尽如人意，信用下滑，容易形成“资金匮乏—业绩恶化—信用下滑—资金匮乏”的恶性循环。

四、促进票据融资服务实体经济的思考

（一）推动票据“标准化”建设

我国票据市场经过多年的探索，已经发展成为金融市场的重要组成部分，但与银行间同业拆借市场和银行间债券市场是相互独立的，难以通过货币市场间的协同作用抵御风险。

2020年6月28日，中国人民银行公告〔2020〕第6号公布了《标准化票据管理办法》正式稿，自2020年7月28日起实施。根据票交所数据披露，截至2020年5月末，商业汇票余额23.82万亿元，其中银票21.20万亿元，商票2.62亿元，该数据包含了未贴现票据和已贴现票据。由此可见，票据标准化一级市场潜能巨大，随着“标准化”进程的推进，二级市场也将日渐活跃，标准化票据的交易打通了票据市场和银行间市场的屏障。

未贴现的票据也可作为标准化票据的基础资产，如果商业承兑汇票标准化可以大规模发展，那么小微企业融资难的问题将得到显著改善。标准化票据作

为企业直接融资方式之一替代了部分票据贴现，随着其发展，社会融资结构也可能发生变化。

（二）商业银行内部更加重视票据业务发展

目前，未贴现的票据计入社会融资规模，而已贴现的票据计入狭义信贷规模，客观上造成了贷款与票据贴现“此消彼长”的现象。

在当前的监管体系下，商业银行内部应该更好地调节票据规模与贷款规模的关系，避免将票据规模作为贷款的补充。内部环境上给予票据融资足够的发展空间，不能过度压制票据融资规模、约束票据业务发展。票据融资方式流动性好、简便灵活，依托金融科技的发展，服务模式也在不断创新。有足够发展空间方可做大票据融资量，扩大业务覆盖面，惠及更多小微企业。

（三）多维度解决小微企业融资痛点

首先，小微企业自身存在的问题不容忽视，企业应从自身薄弱环节入手，逐渐提升经营管理水平和财务管理水平，为增强自身融资能力打下基础。通过加大产品研发力度、提高生产效率、维护良好客户关系、建立科学管理体制等手段打造核心竞争力。疫情期间出台了多项支持小微企业复工复产的政策，企业应该全面了解政策信息，充分利用疫情期间的工具及政策。

其次，商业银行应积极引导信贷资源向小微企业票据融资倾斜，根据小微企业的需求，结合内外部环境，配套足够的票据规模，做大小微企业的票据贴现量。充分利用当前再贴现的业务平台，积极营销，在资金价格上对小微企业票据进行优惠倾斜，进一步降低小微企业融资成本。

最后，借助科技手段，全面提升票据业务办理效率。小微企业由于规模较小，其持有的票据具有金额小、数量多、期限短的特点。小微企业票据融资往往操作频率高，传统的业务办理方式操作烦琐，业务流程长。实践中，不少商业银行已推出了“秒贴”系统，企业可以足不出户办理贴现业务，资金实时到账。商业银行在合规经营、把控风险的前提下，进一步加快金融科技在票据业务中的应用。

参考文献

[1] 翟舒毅，周文婷 . 关于票据融资支持实体经济的研究 [J]. 金融发展研究，2020(2):62−68.

[2] 曹丽，萍龚旭 . 金融票据市场支持实体经济发展探析 [J]. 河北金融，2020(4):57−59.

[3] 李思阳 . 票据融资的理论清源与监管研究 [J]. 北方金融，2020(4):47−52.

[4] 肖小和，王文静 . 新时代票据业务服务实体经济高质量发展 [J]. 金融与经济，2020(1):72−78.

[5] 龙俊桃，严若婷 . 探索发展票据直贴市场解决中小企业融资难——现状、机遇与制约 [J]. 西南金融，2019(7):44−50.

[6] 关泽文，李媛 . 票据业务支持小微企业融资的探讨 [J]. 上海立信会计金融院学报，2019(1):88−94.

[7] 冯振兴 . 票据市场支持实体经济的创新研究 [J]. 市场周刊，2017(2):93−94.

[8] 石兴成 . 承兑汇票贴现在企业低成本融资中的应用 [J]. 财会学习，2020(9):202.

[9] 肖小和，木之渔 . 疫情后经济复苏，票据支付融资可“四两拨千斤”！[N/OL]. 中国金融信息中心，2020−04−28 [2020−08−25]. http://mp.weixin.qq.com/s/nG4if2x3r7QnWBtrEpQDPA.

疫情对票据市场的影响、市场展望与业务经营思考

汪办兴[1]

［摘 要］新冠肺炎疫情暴发以来，短期内我国票据市场受到明显影响，票据市场融资规模和交易活跃度下降，票据贴现利率继续下跌并延续低位运行，同时疫情防控也进一步促成银行加大金融科技与票据融资业务的融合发展，线上票据金融服务在支持小微企业抗击疫情方面发挥了重要作用。下一阶段，全面复工复产后票据融资规模和交易活跃度有望加快回升，票据贴现利率中枢或迎来上行修复行情。今后，银行线上供应链票据融资将成为业务经营转型重点，需加快推动线上供应链票据融资业务创新发展，完善供应链票据金融服务的风险控制体系，推进与票交所系统对接并持续优化完善自身票据业务信息科技应用和深化供应链票据融资业务应用的场景分析和方案设计。

［关键词］新冠肺炎疫情 票据融资 影响 市场展望 建议

新冠肺炎疫情暴发以来，在国家出台的各种抗击疫情的财税金融政策的支持下，票据融资业务在服务小微企业抗击疫情方面发挥了重要作用。同时，疫

---

[1] 作者简介：汪办兴，现供职于工商银行票据营业部，经济学博士，高级经济师，注册会计师。

情突发也对我国票据市场产生了重要影响，短期票据市场融资规模和交易活跃度下降，抗击疫情也促成银行积极开展线上票据金融服务支持小微企业票据融资。随着全面复工复产，票据融资业务有望重新回归到正常发展轨道。本文对当前票据市场在新冠肺炎疫情的短期影响下的运行特征作一简要分析，并就疫情防控背景下的业务经营提出相关对策建议。

一、金融政策有利于金融机构票据融资业务抗击疫情

疫情暴发后，多部门出台了多项支持抗击疫情的财税金融政策。其中，人民银行加大了短期流动性投放和再贷款、再贴现资金支持，引导金融机构加大对小微企业疫情防控的信贷资金支持。票据融资业务作为银行投放信贷资金的重要工具，是金融机构服务小微企业抗击疫情的重要金融服务内容。同时，上海票据交易所（以下简称票交所）作为人民银行领导下的票据市场重要参与主体，也为抗击疫情提供了服务支撑。

（一）人民银行向抗击疫情提供巨大的信贷资金支持

2020年2月7日，人民银行召开电视电话工作会议，向人民银行分支行部署了专项再贷款工作。同日，财政部、人民银行、发展改革委、工业和信息化部、审计署五部委下发《关于打赢疫情防控阻击战　强化疫情防控重点保障企业资金支持的紧急通知》，就强化疫情防控重点保障企业资金支持提出了要求。一是明确专项再贷款发放对象包括9家主要全国性银行和10家重点省市地方法人银行。二是专项再贷款资金投向实行重点企业名单制管理，确保资金精准投向疫情防控重点企业。三是严格专项再贷款资金用途，确保资金用于重点企业救灾、救急的生产经营活动。四是专项再贷款实行优惠利率，银行运用专项再贷款发放的贷款利率也要实行优惠利率。五是专项再贷款发放采取“先贷后借”的报销制，保证资金投向更为精准。六是要求人民银行分

支行加强监督管理。

（二）人民银行出台政策支持票据融资业务抗击疫情

新冠肺炎疫情发生以来，人民银行多次发文指导各银行加大应对疫情的金融服务举措。2020年1月28日，人民银行营业管理部发布《关于应对新型冠状病毒感染的肺炎疫情全力做好辖区内金融服务和应急保障工作的通知》提到，辖区内金融机构因支持疫情防控产生流动性需求，营业管理部将优先审批其再贴现申请，原则上不对票据类型、贴现利率、单张票面金额设置限定条件。

（三）票交所加强疫情防控期间票据服务保障工作

2020年2月2日，票交所发布《关于进一步加强票据业务对新冠肺炎疫情防控工作支持服务的通知》，明确五项具体支持举措：一是有针对性地实施有偿服务收费优惠措施；二是在疫情严重地区建立绿色通道，简化业务流程；三是延长电票系统提示付款节假日设置；四是做好票据业务违约信用记录的客观调整，降低对企业及金融机构的不良信用影响；五是加强对受疫情影响金融机构的业务服务。

二、疫情对当前票据市场的影响与运行特征

（一）票据融资业务短期调整压力加大

进入2020年后，在疫情尚未公开和经济运行仍处于正常节奏下，在开年信贷规模资金宽裕的条件下，企业票据融资活跃。1月，日均承兑额1423亿元，环比增加353亿元，增长33%；日均贴现额926亿元，环比增加315亿元，增长51.6%；日均交易额2763亿元，环比增加825亿元，增长42.55%。自1月末疫情暴发后，对经济社会短期影响显著。总体上看，受疫情的影响，当前票据市场运行呈现出如下三个方面的特征：

1. 短期内票据融资总量明显下降。新冠肺炎疫情的突然暴发，对于现阶段仍处于增速下行压力的宏观经济而言，无疑在短期内将会带来更大的负面影响。为应对疫情，国务院延长了春节假期，节后企业也相应延迟了复工，短期内经济活跃度降低，企业票据融资需求减少。随着复工和企业生产逐步恢复，票据签发量和贴现量呈现前低后高走势。根据票交所数据，2月全市场日均承兑额646亿元、日均贴现额530亿元，分别仅为1月的45.4%和57.2%，当月日均承兑额和日均贴现额环比分别下降了54.6%和42.8%。

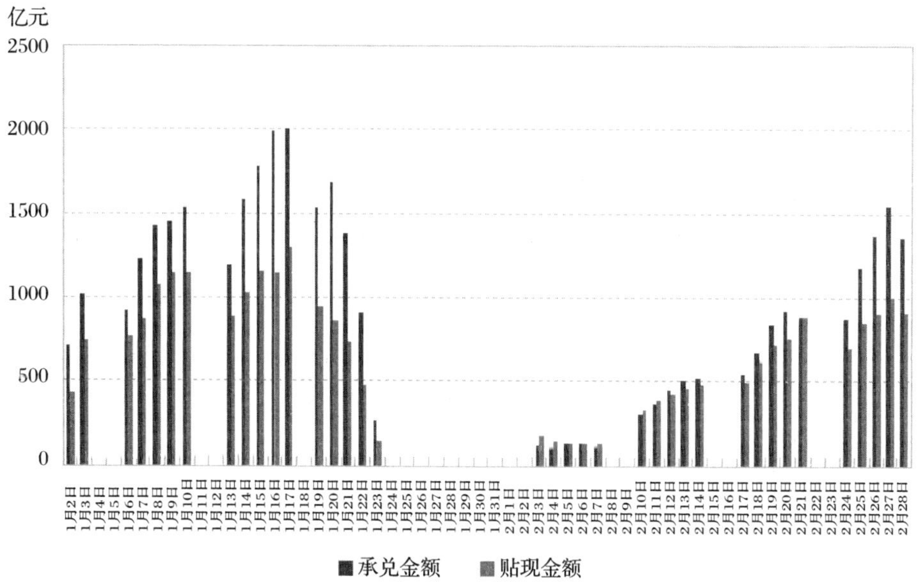

图1 2019年1月至2月票交所承兑贴现业务情况

2. 金融机构票据交易活跃度有所下降。为抗击疫情，多地采取了节后延迟复工的安排，企业经营活动的放缓使企业用票需求锐减，票源的减少和部分经营机构复工，使票据转贴现市场交易趋向清淡，交易活跃度大幅下降。2月，票交所全市场票据交易发生额3.76万亿元，日均交易额1879亿元，约为1月的68%，环比下降了约32%；其中，前两周（2月1日至2月14日），票交所票据交易发生额10509.6亿元，日均交易额1167.7亿元，约相当于1月日均交易额的42.3%，日均交易额相比于1月下降了57.7%。

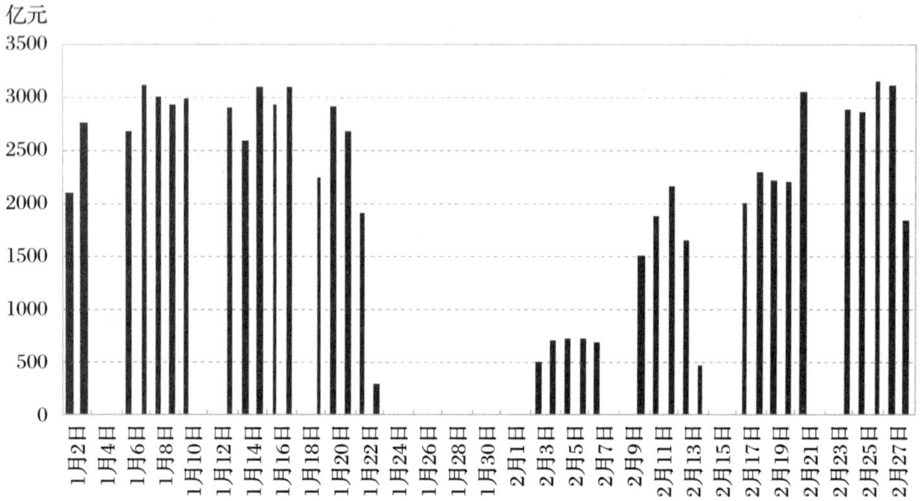

图2 2019年1月至2月票交所市场票据交易业务运行情况

3. 票据贴现支持中小微企业抗击疫情的融资作用增强。自疫情暴发后，供应链中的核心企业为缓解自身困境、避免自身出现资金不足的困境，更多地使用票据与上下游中小企业进行资金结算。而众多小微企业在疫情的冲击下受到的资金挤压尤为明显。为保证资金的正常流转，小微企业在收到票据后，通常会向银行贴现。从往年汇票签发后的贴现占比看，按发生额计的承兑贴现率一般在40%~70%，通常在年初和春节期间，因企业现金需求更大和银行冲贷，承兑贴现率往往处于60%~70%的高位。2020年1月，按发生额计的承兑贴现比为65.09%，为2019年以来次高月，仅次于2019年2月的69.98%。根据票交所数据，2月全市场承兑额1.29万亿元，同比增长24.65%；贴现额1.06万亿元，同比增长46.16%。当月承兑贴现比达到82%，高出上年总体水平近21个百分点，充分说明票据贴现由于融资成本低、操作更便利，成为企业特殊时期的重要融资工具。

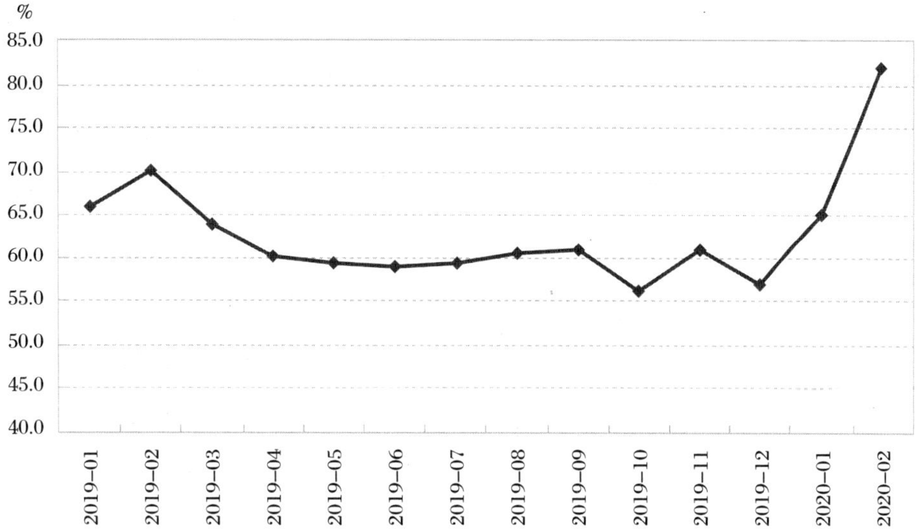

图3 2019年以来按发生额计承兑贴现比变动

（二）票据利率短期仍持续低位运行

春节以来，为应对突然暴发的新冠肺炎疫情，人民银行和各部委联合出台多项政策支持疫情防控工作。综合分析当前经济运行情况和突发疫情的影响，下阶段票据利率走势主要影响因素有如下四个方面：

表1 2020年2月人民银行公开市场操作流动性投放情况

单位：亿元

现金流发生日期	逆回购	MLF（投放）	合计	逆回购到期	净投放量
2020-02-01至2020-02-07	17000		17000	5800	11200
2020-02-08至2020-02-14	10000		10000	12800	-2800
2020-02-15至2020-02-21	1000	2000	3000	12200	-9200
2020-02-22至2020-02-28				3000	-3000
总计	28000	2000	30000	33800	-3800

数据来源：Wind。

一是流动性水平。为抗击疫情，人民银行加大政策宽松力度支持疫情防控和减少对经济运行的冲击。节后第一周，人民银行在公开市场上实现了1.12万亿元的净投放；其中，2月3日人民银行开展1.2万亿元公开市场操作投放流动性，为今年以来最大规模单日净投放操作。第二周，人民银行净回笼资金2800亿元，两周合计净投放流动性8400亿元。

二是银行资金成本。2月3日人民银行下调逆回购利率，2月17日人民银行下调中期借贷便利（MLF）利率10个基点；2月20日全国银行间同业拆借中心发布的最新一期贷款市场报价利率（LPR）显示，1年期LPR为4.05%，5年以上期限LPR为4.75%，分别比上月下降了10个基点和5个基点，央行降息步伐加快。同时，人民银行提高再贴现额度，将直接拉低银行贴现利率中枢下行。

三是合意信贷规模缺口。2019年以来，我国经济运行短期下行压力加大，实体经济一般性贷款需求相对疲弱，金融机构普遍采用"以票充贷"的方式支撑信贷规模。当前经济运行尚未摆脱下行压力，突发的新冠肺炎疫情对经济的短期冲击不可避免，受众多中小企业延迟复工的影响，短期银行的合意信贷投放存在缺口，配置票据资产支撑信贷规模的需求上升，对票据贴现利率产生下拉作用。

四是货币市场利率和银行承兑汇票可比资产收益率降至低位。为抗击疫情对金融市场的冲击，节后人民银行加大短期流动性投放，货币市场资金利率整体下移，DR007（银行间存款类机构7天期质押式回购利率）和R007（银行间市场7天期质押式回购利率）分别下行至过去半年来的最低水平。在短端资金利率大幅下行的同时，作为银行承兑汇票的可比资产的同业存单到期收益率也跌至逼近历史低值。2月7日1年期国有商业银行、股份制商业银行、农村商业银行同业存单到期收益率均逼近2016年的历史低值。

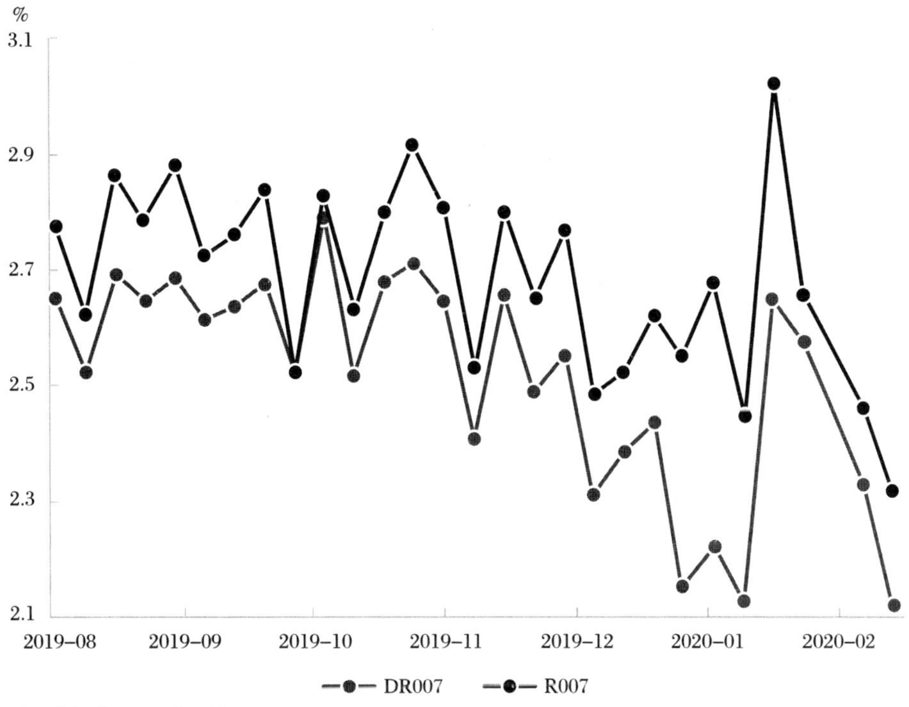

注：数据截至2020年2月14日。

图4 美国主要货币市场基金构成百分比

图5 银行竞争指标走势

在抗击疫情的背景下，受市场流动性和货币政策预期的影响，2月票据市场利率快速下行。其中，贴现加权平均利率为2.95%，比上月下降27个基点，同比下降73个基点；转贴现加权平均利率为2.85%，比上月下降19个基点，同比下降60个基点；贴现转贴现利差为10个基点，比上月收窄8个基点，同比收窄13个基点；质押式回购加权平均利率为2.1%，比上月下降18个基点，同比下降45个基点。

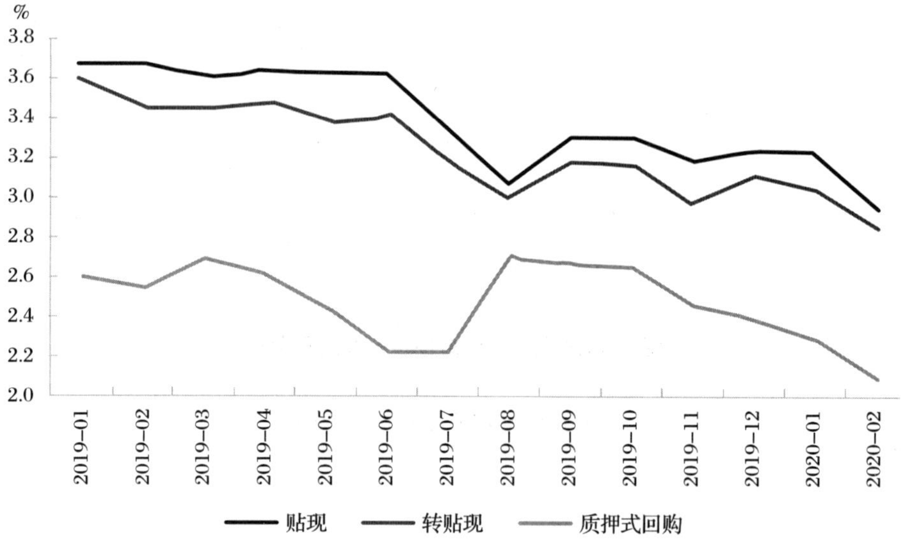

图6 2019年以来票据利率走势

（三）抗击疫情推动线上票据融资业务加快发展加速纸票消失

疫情暴发后，由于疫情防控需要人员空间上的隔离，为抗击疫情和满足小微企业融资需求，银行通过运用金融科技赋能金融服务，为抗击疫情中的中小企业提供线上票据融资。很多企业把票据贴现业务从线下变为线上，自动提交自动审核，企业不必亲自去银行办理，在系统上提交电子资料即可。自2016年12月8日票交所成立后，电子票据快速发展，电票承兑额和贴现额的市场占有率均已超过90%。在抗击疫情的特殊背景下，线上票据融资业务成为企业票据融资的最佳途径，进一步加速了纸票的消失。抗击疫情中，线上票据金融服务成为各家商业银行主要宣传推广的票据融资业务。笔者从新浪财经、搜狐财经等主流财经媒体客户端整理发现，当前我国主要商业银行在抗击疫情期间均已向市场推出线上票据金融服务（见表2）。

表2　抗击疫情期间商业银行线上票据融资业务开展情况

机构	抗击疫情期间线上票据融资业务开展举措
中国工商银行	在疫情防控的关键时期，制作网上自助式贴现操作指南H5宣传材料，充分发挥“工银e贴”快速、智能、灵活的产品优势，为客户提供足不出户的票据融资服务，为客户解决疫情期间资金周转的燃眉之急。
招商银行	招商银行广州分行充分发挥金融科技优势，积极推出贴现“全线上绿色通道”和“战疫特惠”等优惠措施，依托票据大管家业务平台，为客户提供全方位的线上化票据服务。
浦发银行	运用小微企业在线贴现等业务，保障企业疫情期间平稳运营。企业可通过“浦惠e贴”的服务即浦发银行小微银票在线贴现服务，实现自主上申请，系统在线审批，资金迅速入账。
兴业银行	率先推出同业金融线上综合服务方案，依托银银平台、非银云平台等开放平台。
民生银行	专门设立绿色通道，发挥电子票据无纸化、安全、快捷的特点，指导客户线上提交业务，最大限度地减免资料传递环节，及时、高效地满足了客户票据融资需求，解决了客户非常时期的资金调配问题。
平安银行	大力推广“兴e贴”业务，发挥产品线上全流程自动化处理优势，实现贴现资金实时到账，便利中小企业融资需求，帮助企业稳定生产，并加大疫情防控债的发行、承销、投资力度，对医疗、医药等疫情防控相关企业实行利率优惠，按照快速响应、绿色通道、优先办理的原则，提高业务办理效率。
宁波银行	该行克服月末信贷规模受限困难，通过“极速贴现”产品有效、快速地解决了企业的融资难题。

资料来源：新浪财经、搜狐财经、腾讯财经客户端。

三、抗击疫情下票据市场发展展望与业务经营思考

（一）抗击疫情下票据市场简要展望

从疫情暴发对我国票据市场的影响看，我国票据市场面临短期调整压力，票据贴现利率走低抑制了票据经营机构的经营利润。但随着抗击疫情的各项财政金融政策持续发力，金融机构票据业务经营仍将处于较为有利的金融市场环境，有望在短期内恢复到正常发展节奏。观察近期票据市场发展，笔者推测未

来票据市场有望出现以下两个方面的积极变化：

1. 全面复工后票据融资规模和交易活跃度有望加快回升。从2月前两周票据市场发展看，受疫情影响，总体票据融资量和交易量都明显萎缩。但若以全国开始进入复工阶段的2月10日为界，则会发现，第二周票据市场融资规模和交易量已明显好于第一周。第一周（2月3日至2月7日）票交所承兑额和贴现额分别为585.5亿元和702亿元，日均承兑额和贴现额分别仅为97.6亿元和117亿元。第二周，随着全国进入复工阶段，企业在抗击疫情中恢复生产经营活动，票据融资需求恢复性增长，当周票交所承兑额和贴现额分别为2126.4亿元和2074.4亿元，日均承兑额和贴现额分别为425.3亿元和415亿元，分别比第一周增长了3.36倍和2.55倍。下阶段，随着抗击疫情取得更大成效和全国复工节奏的加快，受到疫情冲击的供应链生产流通等恢复正常运转后，有理由相信票据融资规模将回到正常发展轨道上来。

2. 疫情结束后票据贴现利率中枢或迎来上行修复行情。短期内，在抗击疫情的财政金融政策支撑下，金融机构仍将会以相对较低的贴现利率支持小微企业抗击疫情和满足流动资金需求，票据贴现利率或下行至接近再贴现利率的支持点位，并在月末考核时点放大成交量，不排除时点性击穿的可能性。中期而言，随着抗击疫情取得最终胜利，随着票据融资恢复增长和票据供给量的提高，以及抗击疫情下短期货币宽松回归到近年来人民银行始终坚持的稳健的货币政策基调上，票据利率中枢或将适度上移。从长期来看，随着基本面的持续改善、外部环境的修复，企业部门中长期贷款需求将明显增加，票据利率中枢回归合理价值区间。

（二）银行票据业务经营的对策建议

近年来，为改善中小企业金融服务，中央加大了对中小企业供应链金融服务的政策支持。在经济下行压力下，中小企业更加倾向于融资成本相对较低、业务办理手续便捷的票据融资业务，商业银行开展中小企业供应链票据融资业务面临市场机遇。同时，在抗击疫情背景下，商业银行充分应用科技金融与票据业务融合发展，为中小微企业提供线上票据融资服务。由此可以看出，未来商业银行线上供应链票据融资业务将成为服务中小微企业融资的重要方式，也是银行票据业务转型发展的方向。对此，本文提出如下对策建议：

1. 加快推进线上供应链票据融资业务转型发展。商业银行务必加快票据业务经营理念的转变，摒弃传统单一企业客户票据融资业务的发展模式，从“产业+金融融合发展”的角度更新票据融资业务的经营理念，将票据业务切入产业经济运行链条中，可依托自身信贷业务优势，围绕重点核心客户挖掘具有稳定供应链的中小企业客户，加快构建供应链票据融资业务的信息系统网络，提升供应链中小微企业票据融资业务处理效率。

2. 加快推动线上供应链票据融资业务创新发展。近年来，票交所基础设施建设加快发展，向市场推出了票付通、贴现通等创新产品和服务，为金融机构开展线上供应链票据提供了操作平台。此后，众多银行向市场推出了自助式贴现等线上票据金融产品。但总体上看，银行线上票据金融产品存在着同质化倾向，同业同类产品之间的竞争十分激烈。不同银行应结合自身客群特征，发展具有本行特色的线上票据金融服务产品，提供差异化线上供应链票据金融服务。

3. 完善供应链票据金融服务的风险控制体系。商业银行线上供应链票据产品主要围绕中小微企业供应链交易提供票据融资服务，银行必须建立起完整的供应链票据金融风险控制体系。一是要建立科学的风险管理理念，需注重以真实贸易背景为依据的流程设计，并以此来控制票据风险、评估企业违约成本。二是对参与供应链票据融资业务的企业资信等级的评定，应当更注重企业的实际经营效益，注重每笔业务的现金流；同时，累积相关数据，构建独立的评级系统。三是加强对行业的监测分析，包括产业成熟度、市场供求关系、技术替代性、行业进入难度、龙头企业状况、价格稳定程度以及产业政策等，重视把控供应链整体风险。四是要防范相应的操作风险。

4. 推进与票交所系统对接并持续优化完善自身票据业务信息科技应用。从国际先进银行供应链金融发展实践看，均重视银行信息科技的应用发展。从某种程度上说，供应链金融是一种基于现代互联网金融模式和信息科技的综合应用。由于我国电子票据发展仍处于初级阶段，票据交易电子化在信息科技方面仍有巨大发展空间。2016年末上海票据交易所正式建成投入运行，标志着我国票据市场基础设施建设取得突破性成果，我国票据市场迈入电子交易新时代，也使商业银行电子票据业务获得快速发展。未来票交所建设将推动票据交易完全电子化，有利于票据在贸易融资领域与信用证、保函、保理等贸易支付工具达到同等化电子处理的水平，从而为票据参与供应链金融业务运作提供更实际的信息科技支撑。对此，商业银行在实施供应链票据金融转型发展，加快培育供应链票据融资业务核心企业客户的同时，也应加快推进与票交所系统和业务对接以及电子票据业务发展，同时强化本行金融科技应用水平，根据供应链票据业务发展对信息科技的要求，持续完善自身票据业务信息系统功能建设，推进票据业务系统与本行其他资金支付系统的对接，为供应链票据金融服务提供更有效的信息科技支持。

5. 深化供应链票据融资业务应用的场景分析和方案设计。从供应链金融在票据融资业务的应用层面而言，主要存在如下三类票据融资需求：一是核心企业上游供应商赊销商品时采取票据结算的应收款项；二是核心企业下游经销商预订商品时采取票据结算的预付款项；三是涉及对外贸易的供应链链中票据组合融资。上述票据融资需求涉及供应链不同成员企业的利益诉求，需要商业银行结合供应链参与企业的不同利益需求开展场景分析，并提出具体营销方案。如根据票据结算应收、应付款项，中小企业在办理票据融资时较为看重财务成本，银行可以结合货物交易特点向企业推出“买方付息票据融资方案”或“协议付息票据融资方案”等；进出口贸易企业注重货物、资金安全和结算效率，商业银行可依托综合金融优势，为其设计“（保函）担保银行承兑汇票”“保兑仓+银行承兑汇票”“信用证+保兑仓+银行承兑汇票”等贸易票据组合融资服务。

票据收益率影响因素研究
——基于多因素分析及向量自回归模型

黄学伟　王　鹏[1]

一、票据市场价格概述

上海票据交易所（以下简称票交所）成立于2016年12月8日，是经中国人民银行批准设立的票据市场基础设施，是集票据交易、登记托管、清算结算、信息服务为一体的统一平台。2018年12月6日，票交所正式对外发布票据市场首条信用主体为国有和股份制银行的票据收益率曲线——国股银票转贴现收益率曲线（BAEX–1）。2019年12月6日，票交所对外发布第二条信用主体为城市商业银行的票据收益率曲线——城商银票转贴现收益率曲线（BAEX–2）。票据收益率曲线的发布是票据市场发展的里程碑事件，对票据市场的标准化、规范化发展具有重要意义。

按照票据信用主体区分，票据价格可分为国股价格、大商价格、小商价格、财务公司价格和商票价格等。信用主体需要考虑承兑行和贴现行等整体信用，因此票据价格的区分类别较多，同一承兑行但不同贴现行的票据价格差别也较大。为便于研究，本文中票据价格选取信用主体为国股行票据的成交价格，即国股市场价格。

① 作者简介：黄学伟、王鹏现就职于中国农业银行票据营业部。

二、票据市场价格影响因素分析

（一）资金因素

票据转贴现作为传统的银行间市场资金融通工具，其收益率必然受到全市场资金因素的影响。资金因素影响票据收益率的路径有两条：一是通过影响票据供求关系进而影响票据收益率。当资金面较为紧张时，金融机构通过票据转贴现融入资金，票据市场供大于求，票据收益率上升；反之，票据收益率下降。二是通过影响资金成本进而影响票据收益率。当市场资金面较为紧张时，金融机构资金成本上升，要求的票据收益率也随之上升；反之，要求的票据收益率下降。本文选取6个月期上海银行间同业拆放利率（*SHIBOR_6M*）作为资金因素量化指标。Shibor是由信用等级较高的银行自主报出的人民币同业拆出利率，广泛应用于金融市场产品的市场化定价，是金融市场的核心基准利率。如图1所示，在样本区间内，6个月期国股票据收益率（*CR_6M*）与6个月期

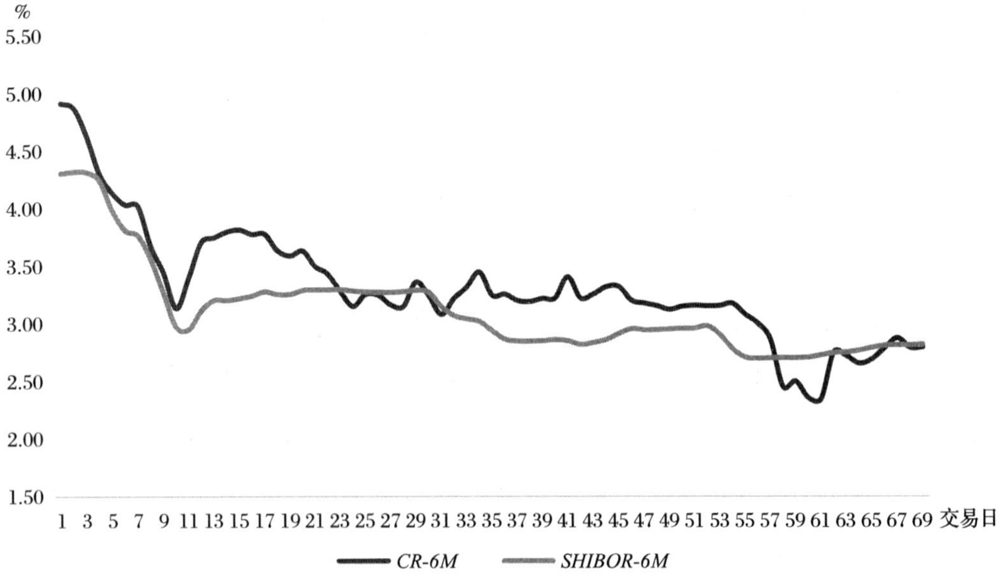

数据来源：Wind数据库。下同。

图1 票据收益率与Shibor走势对比

Shibor（*SHIBOR_6M*）有较为明显的正相关关系，其相关系数为0.89。

（二）信贷规模因素

票据与其他货币市场金融工具相比，最大的特点在于其自身的信贷属性。《贷款通则》规定，票据贴现系指贷款人以购买借款人未到期商业票据的方式发放的贷款。票据资产信用水平较高，定价机制完善，加之市场参与主体众多，使票据资产具有较强的银行间市场流动性。信贷属性及低风险高流动性使票据成为各行摆布自身信贷资产规模，调整资产结构的首选工具，因此票据收益率与全市场信贷规模情况在理论上具有相关性。本文选取票贷比（*PTL*）指标量化全市场信贷规模情况，票贷比计算公式：票贷比=票据融资余额÷各项贷款余额。当信贷规模紧张时，银行卖出票据，票贷比下降；当信贷规模宽松时，银行买入票据，票贷比上升。如图2所示，在样本区间内，6个月期国股票据收益率（*CR_6M*）与票贷比指标有明显的负相关性，其相关系数为-0.83。

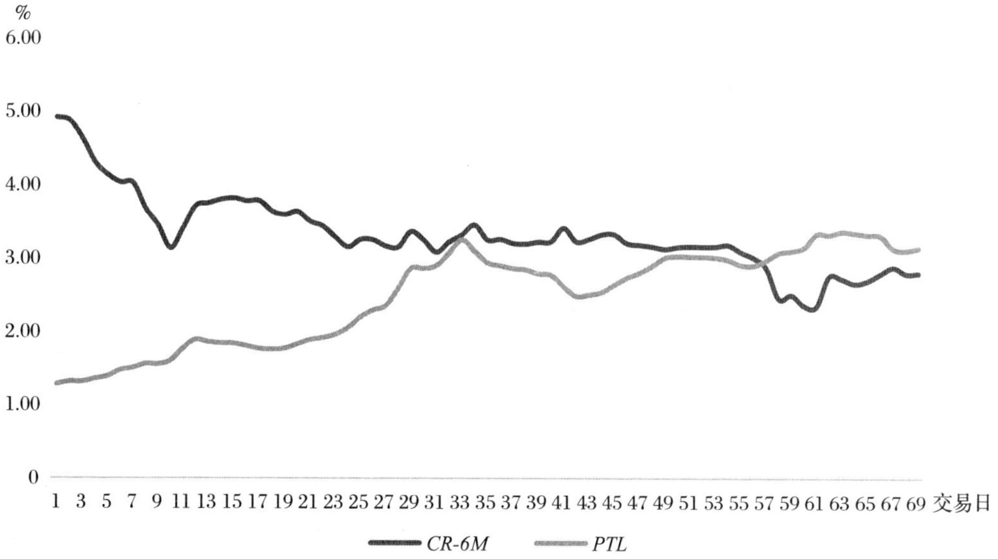

图2 票据收益率与票贷比走势对比

（三）票源供给因素

票据转贴现收益率作为票据价格指标，必然受到二级市场票据供求关系的影响。二级市场票据供给端为票据贴现，贴现后的票据进入二级市场成为可交易票据，票据贴现量减去贴现票据到期量等于二级市场票据净供给量。由于目前没有可获得的指标来反映二级市场需求情况（如报价买入量），故本文仅选取贴现发生额（*DTT*）作为票源供给因素的量化指标。如图3所示，在样本区间内，6个月期国股票据收益率（*CR_6M*）与贴现发生额（*DTT*）存在一定程度的负相关关系，其相关系数为-0.24。

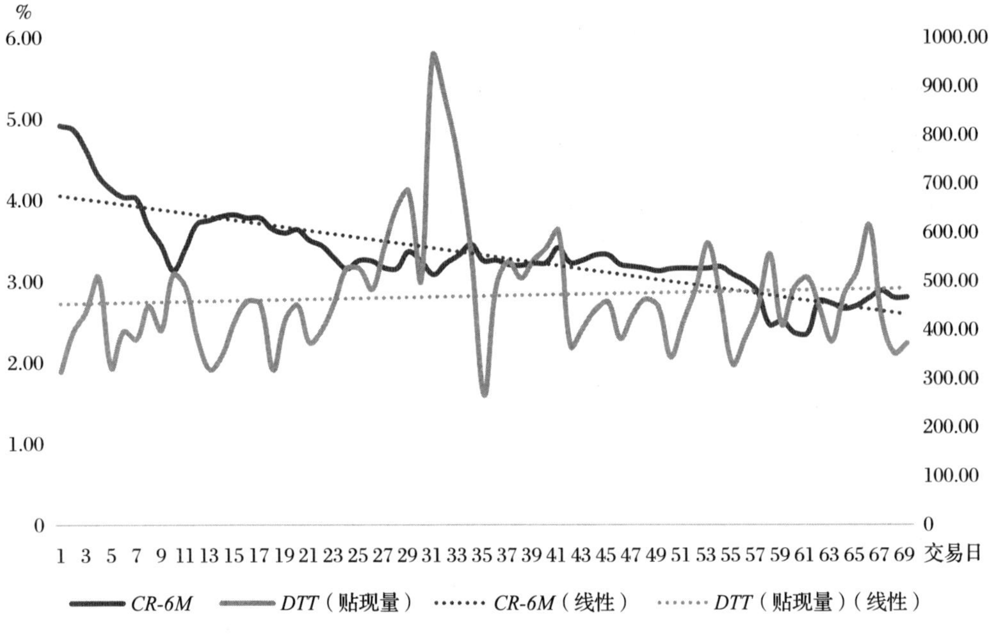

图3 票据收益率与贴现发生额走势对比

（四）同业存单到期收益率

同业存单是存款类金融机构在全国银行间市场上发行的记账式定期存款凭证，其投资和交易主体为全国银行间同业拆借市场成员、基金管理公司及基金类产品。作为投资工具，同业存单与票据存在诸多相似之处。第一，同业存单与票据的信用主体均为存款类金融机构，信用风险溢价相似；第二，同业存单与票据的交易场所均为银行间市场，交易成员结构较为类似，流动性溢价相似；第三，同业存单及票据同为货币市场产品，最长期限均为1年，期限溢价相似。根据金融产品定价规则，当两个产品在信用风险溢价、流动性溢价、期限溢价方面较为类似时，两者的价格走势应较为一致。本文选取6个月期AAA级同业存单到期收益率（*NCDR*）作为同业存单量化指标。如图4所示，在样本区间内，6个月期国股票据收益率（*CR_6M*）与同业存单收益率（*NCDR*）存在较强的正相关关系，其相关系数为0.86。

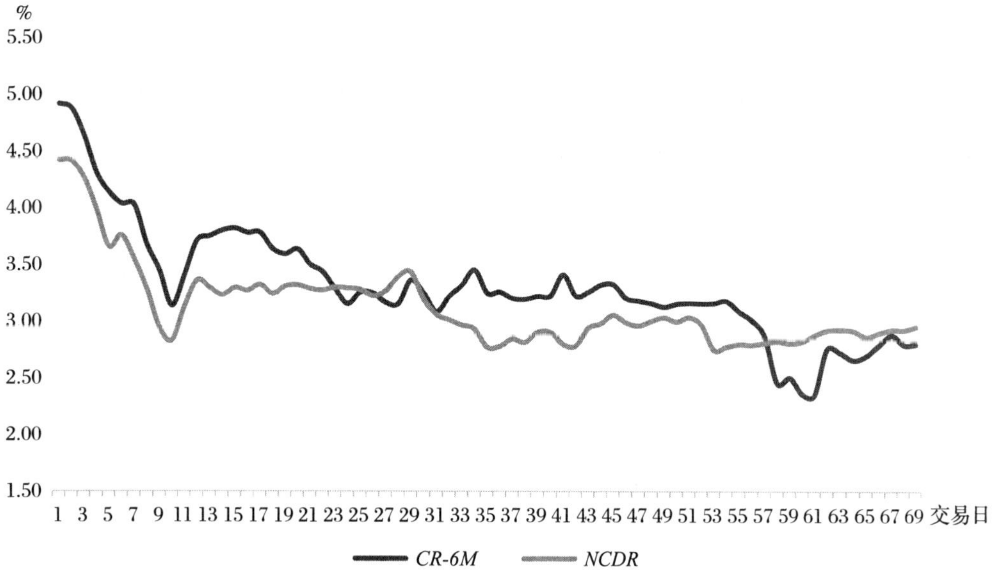

图4 票据收益率与同业存单收益率走势对比

三、票据价格影响因素实证研究

（一）指标选取

本文分别以期限为1个月（1M）、3个月（3M）、6个月（6M）、9个月（9M）、1年（1Y）的国股票据转贴现收益率（CR）为被解释变量，以6个月期上海银行间同业拆放利率（*SHIBOR_6M*）、票贷比（*PTL*）、贴现发生额（*DTT*）、6个月期AAA级同业存单收益率（*NCDR*）为解释变量，利用最小二乘法进行多元线性回归，变量频率选择周频。以上变量样本区间为2018年6月1日至2019年9月30日，共69组数据。

（二）变量平稳性检验

进行多元线性回归前需要检验各个变量的平稳性，若变量为非平稳变量，则历史的数据将与未来数据有很大差异，即未来的数据是不可预测的，那么多元线性回归也将失去意义。本文利用ADF法对被解释变量*CR-1M*、*CR-3M*、*CR-6M*、*CR-9M*、*CR-1Y*，及解释变量*SHIBOR_6M*、*PTL*、*DTT*、*NCDR*指标进行平稳性检验，显著性水平选择5%，结果见表1。由表1可知，变量*CR-3M*、*CR-6M*、*CR-9M*、*CR-1Y*、*SHIBOR_6M*、*DT*、*NCDR*原始序列平稳，*CR-1M*、*PTL*一阶差分平稳，结果表明上述变量为平稳变量，且在一阶差分上同阶单整。

表1　变量平稳性ADF检验结果

变量	原序列p值	一阶差分p值	结果
CR-1M	0.0552	0.0000	一阶差分平稳
CR-3M	0.0081	0.0000	原序列平稳
CR-6M	0.0472	0.0000	原序列平稳
CR-9M	0.0164	0.0000	原序列平稳
CR-1Y	0.0231	0.0000	原序列平稳
SHIBOR_6M	0.0326	0.0000	原序列平稳
PTL	0.7244	0.0000	一阶差分平稳
DTT	0.0000	0.0000	原序列平稳
NCDR	0.0219	0.0000	原序列平稳

（三）协整检验

各变量虽然同阶单整，但并非都为原序列单整（*CR-1M*、*PTL*为一阶单整）。对于原序列非平稳的变量集，需要检验其协整性，以排除非平稳变量线性组合所造成的可能的非均衡关系，排除伪回归的可能。

使用Engle-Granger法对*CR-1M*、*CR-3M*、*CR-6M*、*CR-9M*、*CR-1Y*、*SHIBOR_6M*、*PTL*、*DTT*、*NCDR*进行回归分析，得到被解释变量CR的残差项序列RESID，对RESID序列进行ADF检验，得到p值为0.0313，小于显著性水平的5%。结果表明RESID原序列平稳，即*CR-1M*、*CR-3M*、*CR-6M*、*CR-9M*、*CR-1Y*、*SHIBOR_6M*、*PTL*、*DTT*、*NCDR*变量集协整，满足多元线性回归分析的前提条件。

（四）回归分析

先对各被解释变量及解释变量作归一化处理，统一单位。以*CR-1M*为被解释变量，以*SHIBOR_6M*、*PTL*、*DTT*、*NCDR*为解释变量，采用最小二乘法进行回归分析，得到结果见表2。从回归测试结果来看，回归模型的拟合优度（R^2）为0.712076，即解释变量对于被解释变量的解释度达到71.2076%，回归

表2　*CR-1M*最小二乘法回归分析结果

Variable	Coefficient	Std. Error	t-Statistic	Prob
C	0.233127	0.056888	4.098038	0.0001
PTL	0.031839	0.070339	0.452646	0.6523
SHIBOR_6M	0.375093	0.190656	1.967379	0.0535
NCDR	0.291397	0.190299	1.531257	0.1306
DTT	−0.104266	0.077136	−1.351719	0.1812
R^2	0.712076	Mean dependent var		0.383527
Adjusted R^2	0.694081	S.D. dependent var		0.179570
S.E. of regression	0.099320	Akaike info criterion		−1.711238
Sum squared resid	0.631324	Schwarz criterion		−1.549346
Log likelihood	64.03771	Hannan-Quinn criter		−1.647010
F-statistic	39.57028	Durbin-Watson stat		0.445709
Prob(F-statistic)	0.000000			

模型的p值（F-statistic）近于0，说明解释变量对被解释变量的61.7446%的解释度是显著的。1M期票据收益率与*SHIBOR_6M*、*PTL*、*NCDR*成正相关关系，与DTT成负相关关系。各变量对1M期票据收益率的影响程度由大到小排序为*SHIBOR_6M*、*NCDR*、*DTT*、*PTL*。

根据上述回归分析结果，可得1个月期票据收益率表达式：

$$CR\text{-}1M = 0.233127 + 0.031839PTL + 0.375093SHIBOR + 0.291397NCDR - 0.104266DTT$$

以*CR-3M*为被解释变量，以*SHIBOR_6M*、*PTL*、*DTT*、*NCDR*为解释变量，采用最小二乘法进行回归分析，得到结果见表3。从回归测试结果来看，回归模型的拟合优度（R^2）为0.799955，即解释变量对于被解释变量的解释度达到79.9955%，回归模型的p值（F-statistic）近于0，说明解释变量对被解释变量的79.9955%的解释度是显著的。3M期票据收益率与*SHIBOR_6M*、*NCDR*成正相关关系，与*PTL*、*DTT*成负相关关系。各变量对3M期票据收益率的影响程度由大到小排序为*SHIBOR_6M*、*NCDR*、*PTL*、*DTT*。

表3　*CR-3M*最小二乘法回归分析结果

Variable	Coefficient	Std. Error	t-Statistic	Prob.
C	0.340814	0.049342	6.907115	0.0000
PTL	-0.108035	0.061010	-1.770776	0.0814
SHIBOR_6M	0.437298	0.165369	2.644378	0.0103
NCDR	0.127581	0.165059	0.772942	0.4424
DTT	-0.080448	0.066905	-1.202425	0.2336
R^2	0.799955	Mean dependent var		0.395619
Adjusted R^2	0.787452	S.D. dependent var		0.186858
S.E. of regression	0.086147	Akaike info criterion		-1.995823
Sum squared resid	0.474962	Schwarz criterion		-1.833931
Log likelihood	73.85590	Hannan-Quinn criter		-1.931595
F-statistic	63.98199	Durbin-Watson stat		0.365199
Prob(F-statistic)	0.000000			

根据上述回归分析结果，可得3个月期票据收益率表达式：

$$CR\text{-}3M=0.340814-0.108035PTL+0.437298SHIBOR+0.127581NCDR-0.080448DTT$$

以*CR-6M*为被解释变量，以*SHIBOR_6M*、*PTL*、*DTT*、*NCDR*为解释变量，采用最小二乘法进行回归分析，得到结果见表4。从回归测试结果来看，回归模型的拟合优度（R^2）为0.832433，即解释变量对于被解释变量的解释度达到83.2433%，回归模型的p值（F-statistic）近于0，说明解释变量对被解释变量的83.2433%的解释度是显著的。6M期票据收益率与*SHIBOR_6M*、*NCDR*成正相关关系，与*PTL*、*DTT*成负相关关系。各变量对6M期票据收益率的影响程度由大到小排序为*SHIBOR_6M*、*PTL*、*NCDR*、*DTT*。

表4 *CR-6M*最小二乘法回归分析结果

Variable	Coefficient	Std. Error	t-Statistic	Prob.
C	0.380075	0.048109	7.900347	0.0000
PTL	−0.198050	0.059484	−3.329444	0.0014
SHIBOR_6M	0.416544	0.161234	2.583473	0.0121
NCDR	0.104564	0.160932	0.649737	0.5182
DTT	−0.060243	0.065232	−0.923512	0.3592
R^2	0.832433	Mean dependent var		0.378053
Adjusted R^2	0.821960	S.D. dependent var		0.199060
S.E. of regression	0.083993	Akaike info criterion		−2.046466
Sum squared resid	0.451507	Schwarz criterion		−1.884574
Log likelihood	75.60307	Hannan-Quinn criter		−1.982238
F-statistic	79.48416	Durbin-Watson stat		0.341353
Prob(F-statistic)	0.000000			

根据上述回归分析结果，可得6个月期票据收益率表达式：

$$CR\text{-}6M=0.380075-0.198050PTL+0.416544SHIBOR+0.104564NCDR-0.060243DTT$$

以*CR-9M*为被解释变量，以*SHIBOR_6M*、*PTL*、*DTT*、*NCDR*为解释变

量，采用最小二乘法进行回归分析，得到结果见表5。从回归测试结果来看，回归模型的拟合优度（R^2）为0.852993，即解释变量对于被解释变量的解释度达到85.2993%，回归模型的p值（F-statistic）近于0，说明解释变量对被解释变量的85.2993%的解释度是显著的。9M期票据收益率与*SHIBOR_6M*、*NCDR*成正相关关系，与*PTL*、*DTT*成负相关关系。各变量对9M期票据收益率的影响程度由大到小排序为*SHIBOR_6M*、*PTL*、*NCDR*、*DTT*。

表5 *CR-9M*最小二乘法回归分析结果

Variable	Coefficient	Std. Error	t-Statistic	Prob.
C	0.417955	0.045757	9.134219	0.0000
PTL	−0.240388	0.056577	−4.248881	0.0001
SHIBOR_6M	0.357747	0.153353	2.332836	0.0228
NCDR	0.141242	0.153066	0.922752	0.3596
DTT	−0.047700	0.062044	−0.768811	0.4448
R^2	0.852993	Mean dependent var		0.388399
Adjusted R^2	0.843805	S.D. dependent var		0.202136
S.E. of regression	0.079887	Akaike info criterion		−2.146700
Sum squared resid	0.408445	Schwarz criterion		−1.984808
Log likelihood	79.06114	Hannan-Quinn criter		−2.082472
F-statistic	92.83840	Durbin-Watson stat		0.337381
Prob（F-statistic）	0.000000			

根据上述回归分析结果，可得9个月期票据收益率表达式：

$$CR\text{-}9M=0.417955-0.240388PTL+0.357747SHIBOR+0.141242NCDR-0.047700DTT$$

以*CR-1Y*为被解释变量，以*SHIBOR_6M*、*PTL*、*DTT*、*NCDR*为解释变量，采用最小二乘法进行回归分析，得到结果见表6。从回归测试结果来看，回归模型的拟合优度（R^2）为0.865031，即解释变量对于被解释变量的解释度达到86.5031%，回归模型的p值（F-statistic）近于0，说明解释变量对被解释变量的86.5031%的解释度是显著的。1Y期票据收益率与*SHIBOR_6M*、*NCDR*成正相关关系，与*PTL*、*DTT*成负相关关系。各变量对1Y期票据收益率的影响程度由大到小排序为*SHIBOR_6M*、*NCDR*、*PTL*、*DTT*。

表6 *CR-1Y*最小二乘法回归分析结果

Variable	Coefficient	Std. Error	t−Statistic	Prob.
C	0.432186	0.044257	9.765385	0.0000
PTL	−0.270854	0.054722	−4.949651	0.0000
SHIBOR_6M	0.314277	0.148325	2.118842	0.0380
NCDR	0.166625	0.148047	1.125485	0.2646
DTT	−0.033799	0.060009	−0.563234	0.5752
R^2	0.865031	Mean dependent var		0.383712
Adjusted R^2	0.856595	S.D. dependent var		0.204041
S.E. of regression	0.077268	Akaike info criterion		−2.213368
Sum squared resid	0.382103	Schwarz criterion		−2.051476
Log likelihood	81.36119	Hannan-Quinn criter		−2.149140
F-statistic	102.5457	Durbin-Watson stat		0.332026
Prob(F-statistic)	0.000000			

根据上述回归分析结果，可得1年期票据收益率表达式：

$$CR\text{-}1Y=0.432186-0.270854PTL+0.314277SHIBOR+0.166625NCDR-0.033799DTT$$

（五）回归结果分析

由以上回归结果可知：第一，票据期限越长，票据收益率的解释程度越高（R^2由71.2076%上升至86.5031%），表明短期限的票据收益率受不确定因素影响越大，而长期限的票据收益率则较为稳定、可解释程度较高。第二，票据期限越长，票据收益率受信贷规模因素的影响越大（*PTL*系数由0.031839下降至−0.270854），表明票据期限越长，其信贷属性越强。第三，票据期限越长，票据收益率受资金因素影响越小（*SHIBOR_6M*系数由0.375093下降至0.314277）。

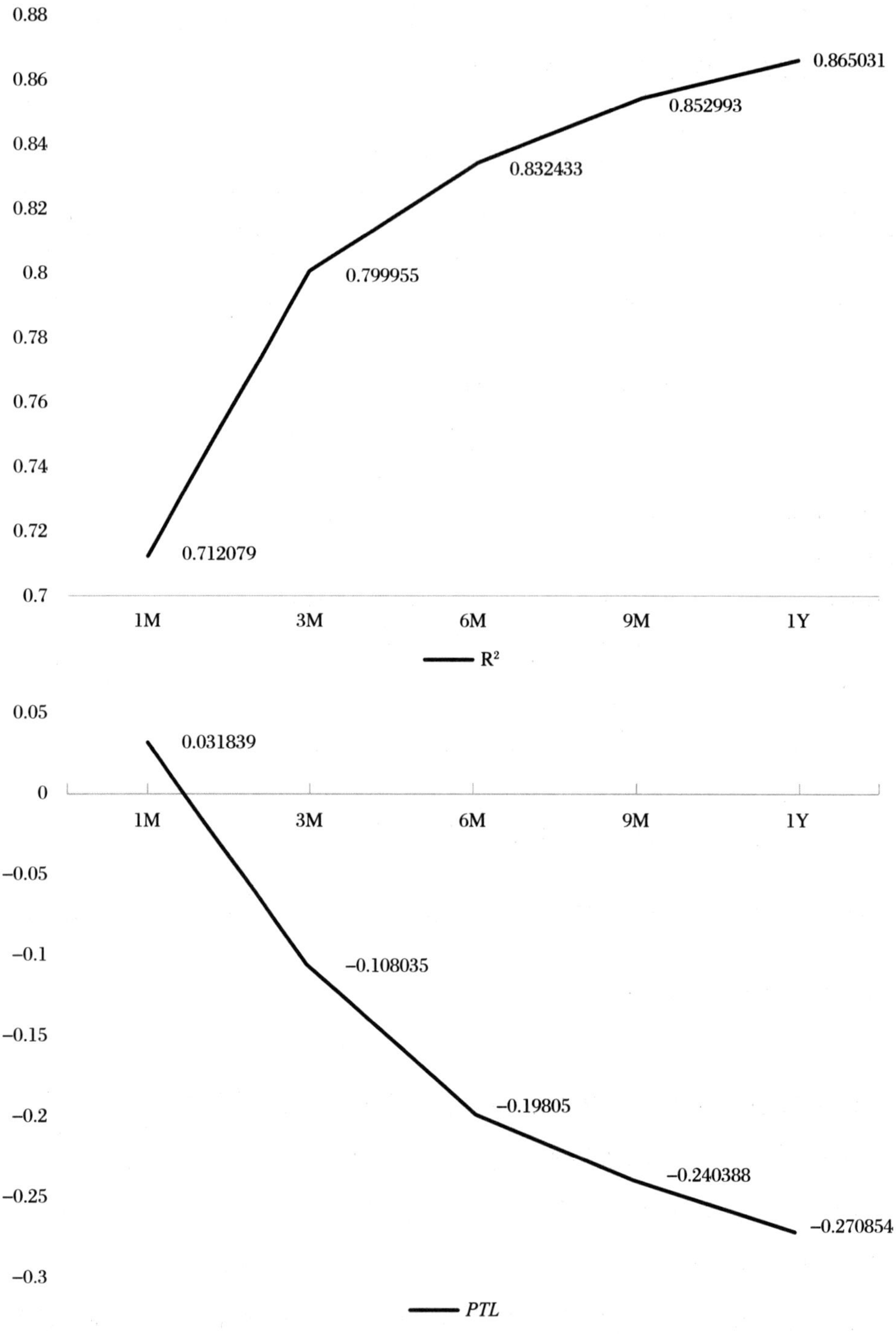

图5 解释程度及*PTL*系数随期限变化走势

保持其他指标不变，当市场信贷规模紧张时，预期票贷比将会下降，全期限票据收益率将会有不同程度的上升，且长期限票据收益率上升幅度将会大于短期限票据收益率上升幅度，导致票据收益率曲线趋于陡峭；当市场信贷规模宽松时，全期限票据收益率将会有不同程度的下降，且预期票贷比将会上升，长期限票据收益率下降的幅度将会小于票据收益率的下降幅度，从而导致票据收益率曲线趋于平坦。

保持其他指标不变，当资金面趋紧时，预期各期限票据收益率将会有不同程度的上升，且短期限票据收益率上升幅度高于长期限票据收益率，从而导致票据收益率曲线趋于平坦；当资金面宽松时，预期各期限票据收益率将会有不同程度的下降，且短期限票据收益率下降幅度高于长期限票据收益率，从而导致票据收益率趋于陡峭。

四、基于向量自回归的票据收益率曲线预测模型

向量自回归（VAR）模型是基于数据的统计性质建立模型，VAR模型把系统中每一个内生变量作为系统中所有内生变量的滞后值的函数来构造模型，从而将单变量自回归模型推广到由多元时间序列变量组成的“向量”自回归模型。VAR模型是处理多个相关经济指标的分析与预测最容易操作的模型之一。

一个p阶VAR（p）模型可以表示为：

$$Y_p = \mathrm{C} + \mathrm{A}_1 Y_{t-1} + \mathrm{A}_2 Y_{t-2} + \cdots + \mathrm{A}_\mathrm{p} Y_{t-p} + \varepsilon_t$$

其中，C为常数向量，A为系数矩阵，Y为内生变量向量，ε为误差向量。

由于外界经济环境处于不断变化中，向量自回归模型的样本也应动态调整。本文选取样本容量为25周（时间跨度半年）的数据，滞后阶数选取2阶，建立向量自回归模型，预测下一周票据收益率曲线数据。在下周数据发布后，滚动更新样本，再次建立模型预测后一周票据收益率曲线数据。即当新数据发布后，在样本中加入新数据，剔除最早一周的数据，样本容量仍保持25周，用

于预测后一周票据收益率曲线。

使用VAR模型对自2019年初至2019年10月中旬的42周票据收益率曲线进行预测，将预测值与实际值进行比较，结果如图6至图10所示。

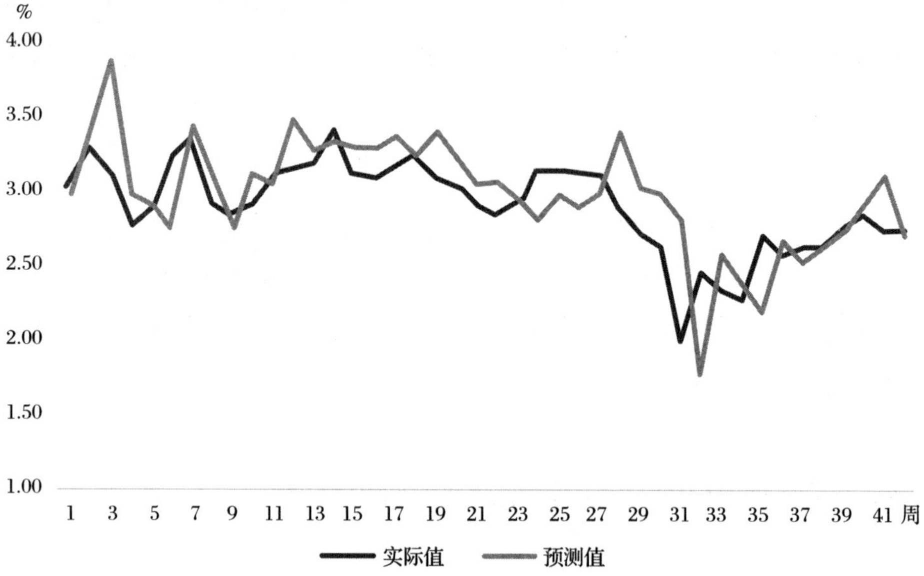

图6　1M期票据收益率预测值与实际值走势对比

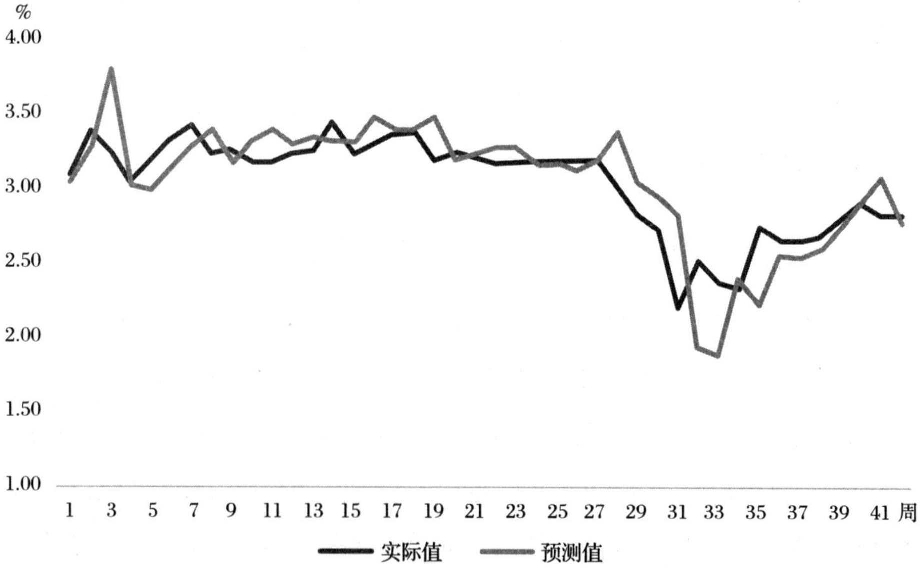

图7　3M期票据收益率预测值与实际值走势对比

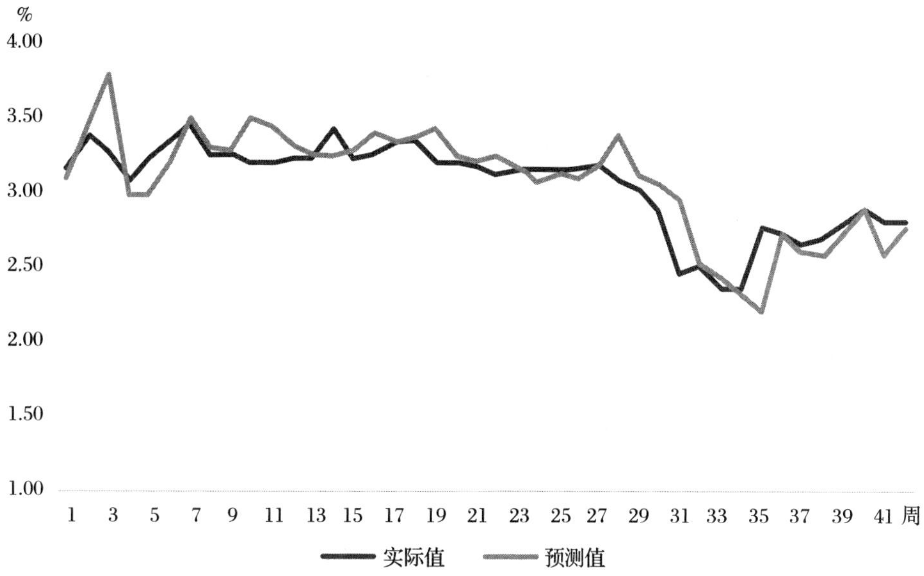

图8 6M期票据收益率预测值与实际值走势对比

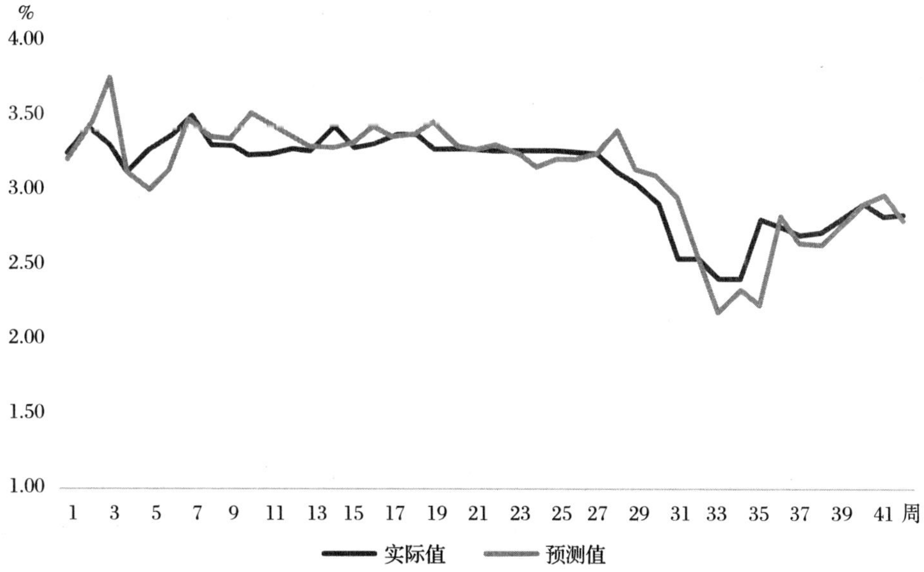

图9 9M期票据收益率预测值与实际值走势对比

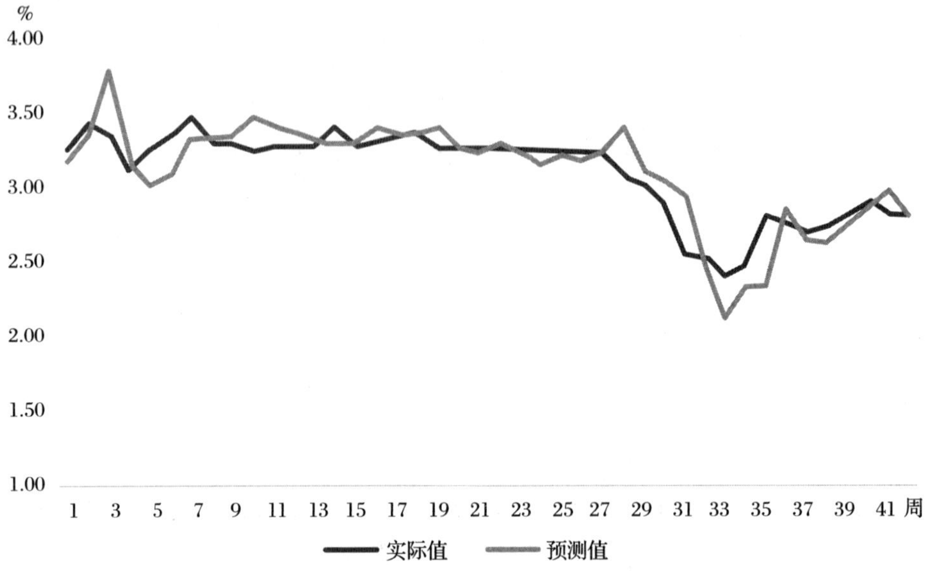

图10 1Y期票据收益率预测值与实际值走势对比

如图6至图10所示，各期限票据收益率实际值与预测值走势较为一致。1M期票据收益率实际值与预测值相关系数为0.67，3M期票据收益率实际值与预测值相关系数为0.83，6M期票据收益率实际值与预测值相关系数为0.86，9M期票据收益率实际值与预测值相关系数为0.88，1Y期票据收益率实际值与预测值相关系数为0.88。以上数据显示，滞后阶数为2阶的向量自回归模型能够较为有效地预测各期限，特别是长期限票据收益率下一周的走势情况。

五、结论与展望

本文选取了资金因素、信贷规模因素、票源供给因素、同业存单收益率因素四个因素对票据收益率曲线的变化趋势进行了研究。研究发现上述四个因素能较好地解释票据收益率曲线的变动情况，研究表明票据期限越长，票据收益率受信贷规模因素的影响越大、受资金因素影响越小。同时，本文引入了二阶向量自回归模型，使用上述四个因素，构建了票据收益率曲线预测模型。模型回测结果显示，基于向量自回归的票据收益率曲线预测模型在票据收益率曲线的整体走势预测上表现较好。值得注意的是，在回测过程中偶尔会出现一些误差较大的数据集，表明可能存在上述四个因素以外的其他显著的票据收益率曲线影响因素，未来对模型变量的引入仍有一定的空间。

转贴现的狭义信贷规模属性及其调整为同业资产的影响分析

郭新强[①]

［摘　要］ 目前转贴现纳入狭义信贷规模管理，导致票据利率非市场化、月末时点畸高畸低，成为诱发票据违规套利的重要推手，降低了央行货币政策服务实体经济的真实性、有效性。从实际融资主体看，与资金流向实体企业的一般性贷款投放、票据贴现、信用证议付不同，转贴现资金直接流入银行、财务公司等金融机构，加上信用风险主体、资本计提、流通转让上的差异，转贴现更应被认定为同业资产。

可以说，转贴现狭义信贷规模属性的调整，其意义不亚于上海票据交易所的设立。后者解决了票据交易机制市场化的问题，使票据迈向电票标准化交易；前者则解决了票据利率市场化的问题，使转贴现脱离信贷配角，让票据真正回归为自主经营、市场化运作的金融工具，这不仅不会降低票据交易市场的繁荣，而且有助于票据市场的可持续发展。

［关键词］ 转贴现　同业资产　信贷规模属性

目前，央行宏观审慎评估体系（MPA）将信贷分为狭义信贷与广义信贷，

① 作者简介：郭新强，国家金融与发展实验室研究员，现任浙商银行总行票据业务部副总经理。

狭义信贷是指各项贷款，包括一般性贷款、信用证议付、贴现和转贴现，广义信贷则是在狭义信贷之外，还包括表内的同业资产、债券投资、买入返售等资产，以及表外的理财资产。本文所讨论的转贴现狭义信贷规模属性，是指转贴现由于被纳入狭义信贷统计和规模调控，从而产生的信贷规模调控属性。

一、转贴现的狭义信贷规模属性与票据利率

票据利率在过去的1年时间里较为低迷，以1年期（1Y）国股银票转贴现利率为例，价格都在3%以下。2020年5月甚至下探至2%以下。不妨比较一下1年期国股银票转贴现利率、1年期同业存单（AAA）收益率和1年期Shibor的价格走势，

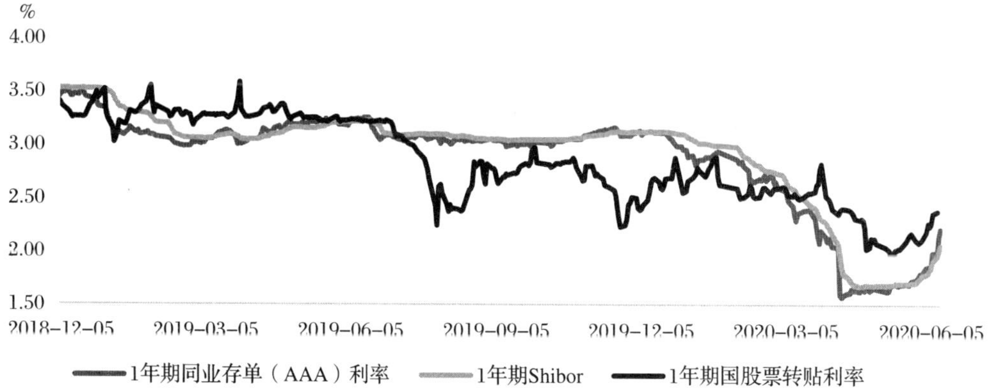

图1 各品种利率走势

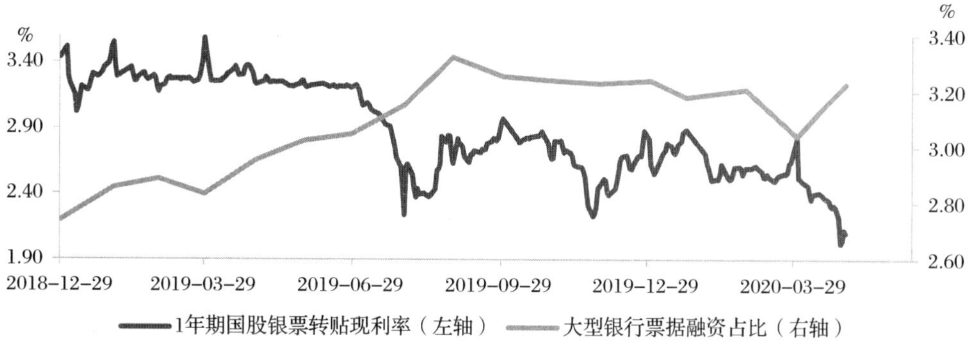

图2 票据利率与票据融资占比走势

以及过去1年多时间1年期国股银票转贴现利率与大型银行票据融资占比走势。

从图1可以发现，1年期同业存单（AAA）收益率和1年期Shibor走势非常相似，而1年期国股银票转贴利率却有一定程度的偏离，如2019年6月至7月，资金价格相对稳定，而1年期国股银票转贴现利率却出现较大幅度的下降。从图2可以发现，同一时间，大型银行票据融资占比大幅上升，而国股银票转贴现利率骤降，且在低位区间运行。

由此可见，目前票据转贴现被纳入狭义信贷规模管理，使转贴现具有了信贷规模属性，诱导银行机构通过在月末特殊时点同向集中收票填充信贷规模，票据利率出现偏离资金价格的“畸低”情形。票据的狭义信贷规模属性超越票据的资金属性、支付结算属性，在月末、半年末、年末等关键时点，成为影响票据利率走势的主导力量。

二、转贴现的狭义信贷规模属性值得商榷

（一）转贴现的狭义信贷属性弱，同业资产属性强

从实际融资主体看，转贴现与传统的贷款、信用证议付、贴现不同，前者是银行融入资金，后三者是实体企业融入资金，实体企业融资才是信贷投放。同时，转贴现在信用风险、资本计提、流通转让上更加偏向同业资产。

一是融资主体不同。狭义信贷资产是家庭、企业等实体与金融机构之间的直接债务债权关系。而转贴现融资主体是金融机构，金融机构资金通过转贴现流向了另一家金融机构，并不会导致信用扩张，也不能反映该金融机构对于企业和实体经济的直接支持，与广义信贷规模下的同业资产更为类似。

二是信用风险不同。金融机构通过转贴现获得票据资产，其前手有承兑人、贴现人等信用状况相对较好的金融机构为票据资产作信用背书，信用风险相对较低。而其他狭义信贷资产，债务人是借款企业，其还款能力受宏观经济、行业周期、内部治理等多方面因素的影响，使其他狭义信贷资产的信用风

险相对较高。

三是流通转让不同。票据是一种流动性极高的有价证券，持票机构可以在票交所通过简便的流程将票据转贴现给其他的金融机构，以实现票据资产的转让，故转贴现属于买卖关系。而狭义信贷资产属于合同债权，是借贷关系，其转让限制较多，流程复杂。

（二）转贴现纳入狭义信贷管理的问题

一是导致票据价格及波动脱离市场。由于转贴现狭义信贷规模属性的存在，当银行贷款投放不足、信贷规模宽松时，依靠转贴现撑规模；当贷款投放充分、信贷规模紧张时，依靠转贴现压规模。信贷不足时，竞相收票，票价同向走低；信贷充足时，竞相卖票，票价同向走高，所以经常会出现“低时买票、高时卖票”的貌似异常的倒挂交易。票据的资金利率让位给信贷规模调控，后者成为票价的主导因素，这有悖于利率市场化改革。

二是造成票据套利的重要推手。信贷不足时竞相收票，会导致票价“畸低”，如2020年5月直贴票价甚至跌破“2%”，这与结构性存款、理财等天然存在100~200个基点的空间，套利屡禁不绝、屡查不止。票据套利中的违法违规套利，还会诱发从业者道德风险和涉刑案件频发，败坏社会风气。

三是降低货币政策服务实体经济的真实性、有效性。银行依赖转贴现相机调控信贷规模，使信贷投放失真、狭义信贷管控失效。为抑制转贴现持票，又采用“票贷比”“窗口指导”等政策堵口子，货币政策调控日益复杂化。

可以说，只要转贴现的狭义信贷规模属性不改变，票据就难以成为独立的金融工具，就会始终扮演央行货币政策调控、银行资产负债调控的角色。

三、转贴现从狭义信贷纳入广义信贷管理的积极影响

若转贴现票据能够被认定为同业资产，由此从狭义信贷规模纳入广义信贷

规模管理，不仅有利于提高货币政策调控效力，而且打通了制约中国票据市场独立运行、持续发展的政策梗阻，其历史意义可以与票交所的设立相媲美。票交所的设立主要解决了票据交易机制市场化的问题，使票据迈向电票标准化交易；转贴现狭义信贷规模属性的调整，则可以解决票据利率市场化的问题，使转贴现脱离信贷配角，真正成为独立的金融工具，这不仅不会降低票据交易市场的繁荣，而且有助于票据市场的可持续发展。

（一）有利于提高货币政策服务实体的真实性、有效性

监管机构对金融机构的狭义信贷规模进行统计，并以此来考核金融机构的信贷投放。目前金融机构可以通过转贴现买卖票据资产，来调节其狭义信贷规模。若转贴现纳入广义信贷规模管理，则监管的统计口径将会发生变化，金融机构将无法再“以票充贷”，但这对于监管政策的有效性将带来积极的影响。

我国央行一直致力于支持实体经济尤其是民营和小微企业的发展，但是目前民营和小微企业融资难的问题依旧没有得到很好的解决，其原因之一就是目前的狭义信贷规模并不能真实反映一个金融机构的信贷投放，使央行政策的有效性大打折扣。2020年6月初，央行为支持小微企业而创设的创新货币政策工具，即新增4000亿元再贷款专用额度，旨在购买符合条件的地方法人银行新发放的普惠小微信用贷款，就是为了真实投放信用、增强货币政策的有效性。

作为同业资产的转贴现，从狭义信贷规模管理纳入广义信贷规模管理，依然在央行宏观审慎评估的政策体系内，同时更加符合央行货币政策“逆经济风向行事”“相机决策熨平经济波动”的制度安排。在经济收缩期、信贷需求不足时，重点投放狭义信贷规模；在经济扩张期、信贷需求过热时，重点收缩广义信贷规模。

（二）有利于票据利率回归常态，有利于票据市场独立运行、可持续发展

当票据转贴现失去信贷属性后，金融机构将不会再因填充信贷规模而收

票。短期内，“调表”需求的转贴现票据交易量会下降，并促使因银行集中收票而出现票据“畸低”价格逐渐向均衡水平回归，票据利率的主导因素逐步让位给资金利率，不仅可以成为人民银行利率型货币政策的快速传导工具，而且可以抑制不合规的票据套利行为。

同时，随着票据交易品种的增多，投资者的类型将更加多样化，投资者的结构也会更加丰富。例如，标准化票据作为一种无信贷属性的“等分化”有价证券，不仅可以在票交所交易，而且可以在银行间债券市场交易，券商、信托、保险等非银金融机构，以及公募基金、理财等非法人产品均可参与投资。所以，转贴现狭义信贷规模属性的取消，只会在短期内降低“调表”需求的交易量，长期则会使票据市场更加健康、更加繁荣、更加可持续。

综上所述，转贴现应从狭义信贷规模管理中移除，在认定其为同业资产后，纳入广义信贷规模管理，依然在人民银行宏观审慎评估体系之内，不仅有利于提高货币政策逆周期调控的有效性，而且打通了长期制约中国票据市场发展的政策梗阻，其意义不亚于票交所的设立。后者解决了票据交易机制场内化的问题，使票据迈向电票标准化交易；前者则解决了票据利率市场化的问题，使转贴现脱离信贷配角，让票据真正回归为自主经营、市场化运作的金融工具。

供应链票据平台的建设研究

陈梦仪　郑　龙[①]

一、供应链票据平台建设背景

票据市场作为金融市场体系的重要组成部分，在支持实体经济发展，解决民营和中小微企业融资难、融资贵问题等方面发挥了重大作用。近年来，票据市场随着上海票据交易所（以下简称票交所）的成立，向全国统一、安全高效、电子化的现代市场转型。票据成为解决民企中小微企业融资问题的重要工具。票交所发布的《2019年票据市场运行情况》报告披露，2019年末出票人为中小微企业的票据承兑余额为8.89万亿元，占全部承兑余额的 69.84%；贴现申请人为中小微企业的票据贴现余额为 6.66万亿元，占全部贴现余额的 81.39%。12月中小微企业票据贴现平均利率为3.29%，同比下降57个基点，比贷款基准利率低106个基点，比12月1年期贷款市场报价利率（LPR）低86个基点。

商业汇票是供应链金融中常见的金融工具之一，在服务供应链企业方面具有独特优势。过去，受制于供应链金融发展不足以及纸质票据操作风险较大的缺陷，商业汇票在供应链金融中的应用较为有限。当前，面对高效统一的电

① 作者简介：陈梦仪现就职于上海票据交易所技术运营部，郑龙现就职于上海票据交易所技术开发部。

子化票据市场，供应链创新与应用迎来发展机遇期。推动商业汇票在供应链金融中的应用，将有效推动集成创新和协同发展，促进拓宽中小微企业的融资渠道，确保资金流向实体经济。

因此，根据人民银行的指示精神，为更好地服务中小企业，加大对中小企业流动性和融资的支持，票交所自2019年12月底创新性地推出了供应链票据平台（一期），为供应链金融规范发展和商业承兑汇票（以下简称商票）的推广提供了新的支持。

二、供应链票据平台的功能设计

供应链票据平台项目主要通过与现有供应链核心企业电商平台或供应链金融平台（以下简称供应链平台）建立连接，在源头将增量应收账款转化为电子商业承兑汇票（以下简称商票）。企业间因交易行为形成应收应付关系时，可以直接在供应链平台发起商票签发指令，经供应链票据平台确认后完成签发，已签发商票可在经供应链票据平台确认后通过供应链平台直接拆分流转，并对接票据市场现有融资渠道。

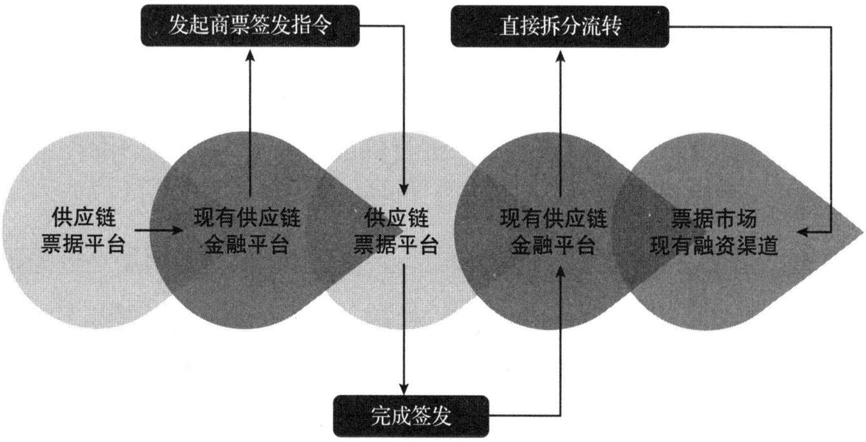

图1 供应链票据平台业务架构

供应链票据平台的技术实现依托票交所系统，实现供应链票据平台、供应链平台、企业和企业开户行四者间的交互。

技术架构上，供应链票据平台采用层次化、抽象解耦的思想，从渠道接入、业务处理和数据管理三个层次设计，按业务功能分为供应链平台及企业的管理、供应链票据签发与承兑、供应链票据背书转让、供应链票据结算与清算和信息统计五大模块。这样层次化、抽象解耦的设计保证了业务功能的稳定性，提高票交所系统已有模块的复用性。

供应链票据平台采用分层的思想，可抽象理解为渠道接入、业务处理和数据管理层三个层次。其中，供应链票据接入层利用票交所系统提供的直连通信平台，使用报文实现与直连接入的供应链平台的数据传输。企业通过供应链平台与供应链票据平台联动，供应链平台通过票交所提供标准JAR文件包与直连通信平台进行数据传输。其中，报文是系统节点间数据传输的基本单位，供应链票据平台与供应链平台间的报文交互采取异步模式。当供应链票据平台与供应链平台产生报文交互时，供应链票据平台会根据报文信息启用对应的功能模块，此时进入了业务处理层，如有需要可调用票交所业务系统和数据库相关服务实现业务要求。通过供应链票据平台签发流转清算的供应链票据的信息都会同步于数据管理层，企业开户行可以通过票交所系统接收关于供应链票据平台的业务报文，也可以通过票交所系统客户端进行供应链票据信息查询和到期结算。同时，供应链票据平台在票交所内部设立场务端，场务人员可以通过场务端浏览器进行供应链平台和企业的管理，以及平台业务数据的查询和管理。

根据供应链票据的签发、拆分流转等业务需求，供应链票据平台主要分为供应链平台及企业的管理、供应链票据签发与承兑、供应链票据背书转让、供应链票据结算与清算和信息统计五大模块。供应链平台及企业的管理模块通过直连对接供应链平台实现供应链企业的信息登记与管理，对接入点进行信息管理和认证管理。供应链票据签发与承兑模块实现了企业在供应链平台便捷地进行供应链票据的签发与承兑功能。供应链票据背书转让模块实现了企业已签发的票据在供应链平台上的背书流转功能，特别是在企业转让供应链票据过程中实现票据拆分功能，满足企业不同场景的支付需求。供应链票据结算与清算和信息统计两大模块贯穿始终，为已签发票据提供各个业务场景下的结算清算和信息查询功能。

（一）供应链平台及企业的管理

供应链平台及企业的管理模块实现了与供应链票据平台相连的供应链平台及关联企业的登记及管理，主要分为供应链平台管理和企业身份认证与维护两个方面。

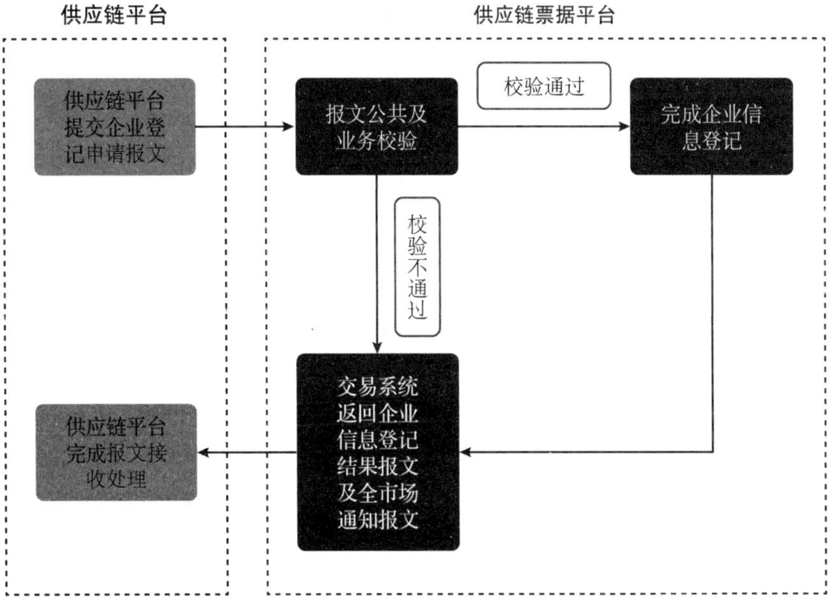

图2 企业信息登记流程

供应链票据平台采用直连接入的方式，支持新增供应链平台在接入时，通过数字证书绑定报文实现供应链平台的数字证书的绑定和认证，同时通过该报文广播通知票交所数字证书，用于后续报文通信交互。如图3所示，供应链平台直连成功后即可将企业信息通过直连报文形式发送至供应链票据平台登记企业信息，供应链票据平台根据企业编号或平台代码查询企业信息将企业关键性信息与票交所企业信息库中的企业信息进行比对：若比对一致，则在供应链票据平台中自动生成全市场唯一的企业编号。实时完成初始登记并反馈供应链平台；若比对有误，则供应链票据平台返回失败结果报文，报文中包含错误码和错误信息，原提交方的供应链平台可根据错误信息进行核实并修改后再次提交比对。其中，供应链票据平台仅对企业关键信息进行比对和形式审核，并不对企业身份本身的真实性负责。在供应链票据平台与供应链平台直接连接的模式下，企业身份真实性审核由供应链平台负责。

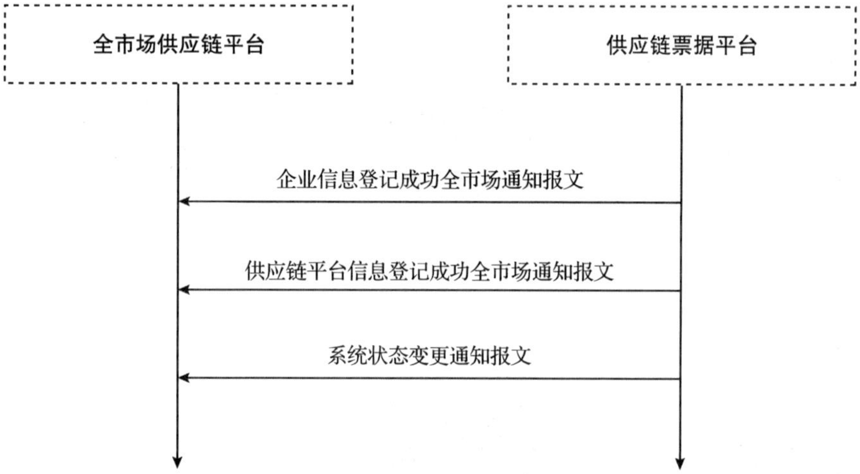

图3　企业信息\供应链平台信息\系统变更全市场通知报文

票交所场务端提供企业信息管理功能，场务操作人员可对供应链票据平台中的企业进行信息维护、信息查询等操作。在直连模式下，企业信息和供应链平台信息以及系统状态的每一次变更都会以报文的形式发送至供应链票据平台，供应链票据平台对相关信息进行校验，校验成功后实时更新相关信息，并向全市场下发相应的变更报文，实现相关信息的披露。

在供应链票据平台登记的供应链平台和企业信息会形成基础数据文件。存量基础数据以文件形式提供，上线前通过线下渠道下发，增量基础数据通过票交所全市场接入平台通知报文增量下发。根据票交所直连通信平台的设计，供应链平台发送给票交所的报文消息为上行消息，使用直连通信平台中的两个消息队列；票交所发给供应链平台的消息为下行消息，根据每家供应链平台交易量大小为每家供应链平台分配直连通信平台中的一个消息队列。

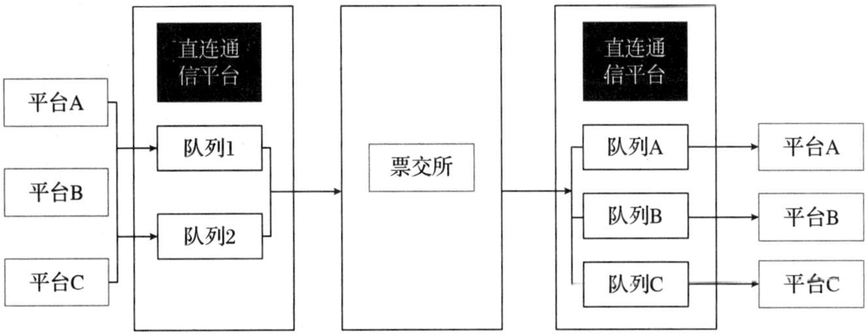

图4　消息队列规划

（二）供应链票据的签发与承兑

供应链票据的签发与承兑模块实现了企业通过供应链票据平台签发/承兑票据的功能。企业在供应链平台达成交易并产生应收应付关系时，可选择签发/承兑票据，向供应链平台发起票据签发/承兑申请。供应链平台将交易双方确认过的签发/承兑申请和相关票据信息通过报文传输至供应链票据平台。供应链票据平台对报文中包含的票据签发/承兑申请相关信息进行校验，系统校验规则参照电子商票签发/承兑环节的校验规则，校验内容包括企业名称、统一社会信用代码、企业开户行大额行号、账户账号，以及申请信息是否符合报文格式要求等。若校验通过后，供应链票据平台将经出票企业和收票企业双方确认过的相关业务信息直接生成票据信息，并通过“票据签发结果通知报文”反馈至供应链平台及双方企业开户行，供应链平台根据供应链票据平台返回的报文通知出票人和收款人签发结果，双方企业也可通过开户行查询票据信息；若校验不通过，供应链票据平台也通过“票据签发结果通知报文”返回至供应链平台，并反馈错误原因。

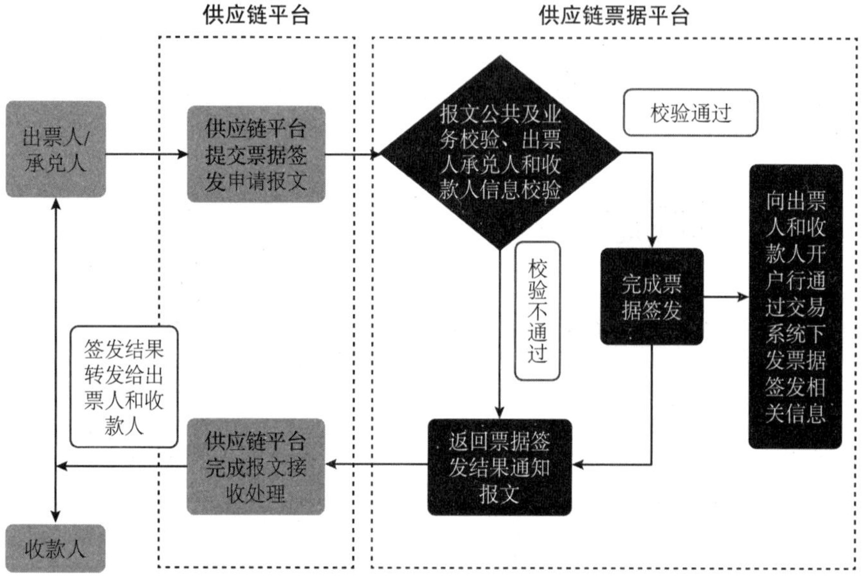

图5 票据签发流程

通过供应链票据平台签发的每张票据实际对应由一定数量的标准金额票据组成的可等分化的原始票据包，标准金额为等分化票据金额的最小计量单位，标准金额设定为1万元，等分化票据以1万元或者1万元的整数倍进行签发和拆分流转，但是票据在出票承兑、收票环节不允许拆分。单张票据的编码规则为“母票号–子票号”，子票号依次使用从1开始顺序排列的自然数；票据包编码规则为“母票号（子票号区间）”，系统以票据包为单位记录背书信息，即同一票据包中的票据拥有相同的背书信息（仅记录一条信息）。票据包内每一张标准金额票据拥有独立的法律关系。如企业A签发1000万元供应链票据给企业B，供应链票据平台直接生成1000张拥有独立法律关系的标准金额票据并组成票据包。组成的票据包编号为A，在票据全生命周期中不发生变化，子票号区间为（1~1000）；单张票据以“票据包编号+子票号”作为唯一标识，编号分别为A-1、A-2、……、A-1000。

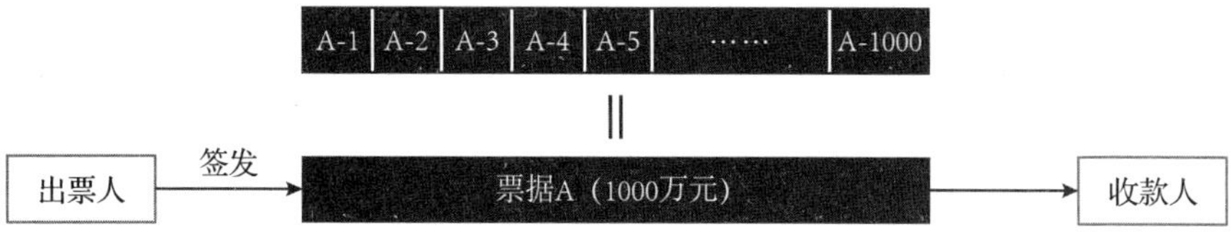

图6 票据拆分

（三）供应链票据的背书转让

供应链票据的背书转让模块实现了通过供应链票据平台签发的票据背书转让的功能。企业达成交易并产生应收应付关系时，可通过供应链平台发起票据背书转让申请，将票据的权属转让给应收企业。供应链平台将背书人、被背书人和相关票据信息通过“票据流转登记报文”发送给供应链票据平台。供应链票据平台对相关信息进行校验，若校验成功，则票据状态变更为“背书已签

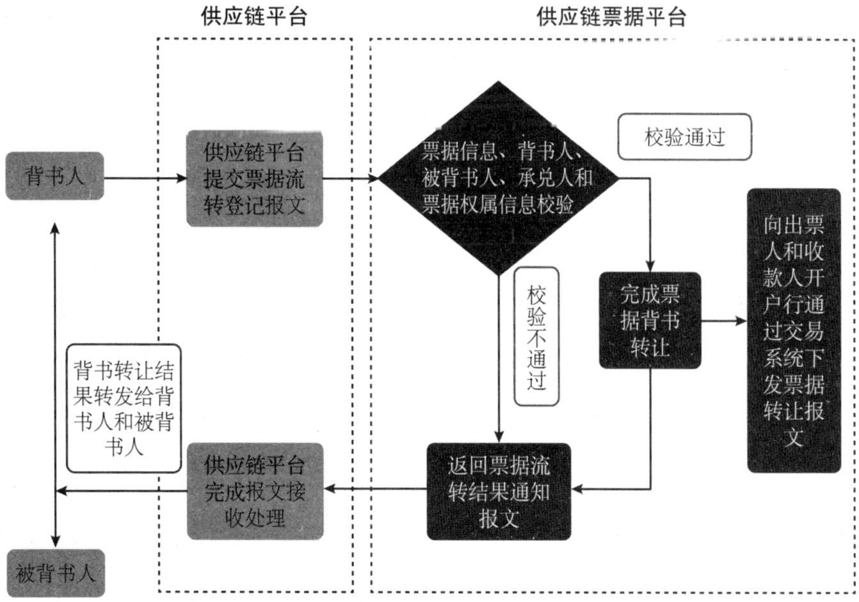

图7 背书转让流程

收”，供应链票据平台向出票人和收款人开户行下发通用票据转发报文，向供应链平台下发“票据流转结果报文”；若校验不成功，则将错误信息通过“票据流转结果报文下发”至供应链平台。

由于票据在供应链票据平台签发时即已实现等分化、可拆分，在背书转让时企业可选择拆分转让或全部转让两种模式。

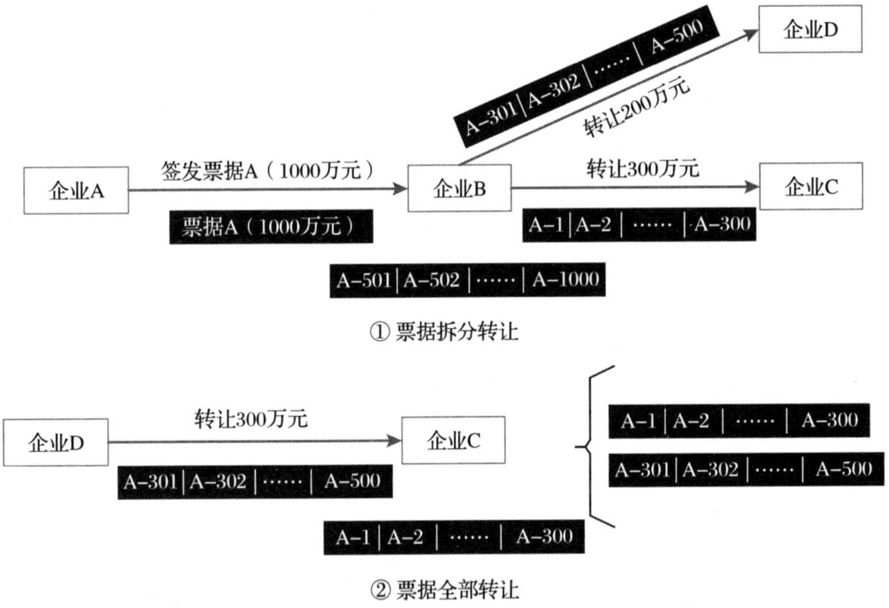

图8 票据拆分转让和全部转让

当企业需部分转让供应链票据时，平台将对应票据包中的部分票据进行转让，形成两个新的票据包，待转让票据包从被转让票据包中子票号较小的票据向上取，直至覆盖所需金额。票据包拆分后，票据包号码不发生变化，仅子票号区间及实际票面总额发生变化。如企业B收到由企业A签发的票据包后，根据实际需求，将其中300万元金额转移给企业C，则企业C收到的票据包编号为A（1~300），企业B留存票据包编号为A（301~1000），系统记录两个票据包背书信息，并注销票据包A（1~1000）背书信息。若企业B又向企业D支付200

万元，则企业D持有票据包编号为A（301~500），企业B留存票据包编号为A（501~1000），记录A（301~500）、A（501~1000）两个票据包背书信息，注销票据包A（301~1000）信息。

当企业整张转让供应链票据时，平台直接更新对应票据包背书信息。若企业D将所持编号为A（301~500）的票据包转移给企业C，平台更新票据包A（301~500）背书信息，此时企业C拥有A（1~300）与A（301~500）两个票据包，但两个票据包不做合并。

（四）供应链票据的结算与清算

供应链票据的结算与清算实现了每日对账和票据到期清算功能。目前供应链票据平台一期仅支持线下清算。

供应链票据平台每日日终批量生成存量票据汇总对账文件，通过批量调度，把当日提示付款未完成应答的票据状态变为“已逾期”，把当日到期的票据状态变更为“已到期”，并且生成提示付款待应答记录。同时根据供应链平台代码，将对应的对账文件发送至SFTP文件服务器上，用于供应链平台核对每日平台签发/结清业务发生额和存量票据余额，主要信息包含期初持有票据总额、签发票据发生额、票据结清发生额和日终持有票据总额，其中：日终持有票据总额=期初持有票据总额+签发票据发生额–票据结清发生额。

票据到期后，供应链票据平台自动发起票据到期提示付款业务，供应链票据平台向承兑人开户行发送提示付款申请，承兑人开户行通过交易系统进行应答，应答成功后，票据状态变更为“已结清”；应答拒付或未应答的，票据状态变更为“已逾期”，进入追索流程。票款由承兑人开户行线下划付，在供应链票据通过线下结清后，承兑人开户行登录系统客户端，在提示付款应答页面选中已到期结清的供应链票据，进行到期结清应答。通过供应链票据到期结清接口实现结清处理，处理成功后通过票据到期结果通知报文通知持票人供应链平台、承兑人供应链平台。

（五）供应链票据的信息统计

通过供应链票据平台签发流转清算的供应链票据信息都会同步于供应链票据信息统计模块。供应链票据的信息统计模块统计每日在平台上的票据签发与承兑、票据背书转让和企业持有余额信息，用于场务人员或供应链平台的方便查询和相关信息披露。

场务人员可以登录场务端查询各平台在某一天的账户余额信息，查询结果页面显示字段包括平台名称、期初持有汇总（金额）、签发汇总（金额）、托收结清（金额）、追索结清（金额）、期末持有汇总（金额），支持同步导出功能；也可查询平台企业持有的单一票据信息，查询结果页面显示字段包括序号、持有平台名称、持有企业编号、票据类别、票据号码、票据包编号、子票据号码区间、子票包金额、出票日期、票据到期日、承兑人开户行行号、承兑人开户行名称、付款行行号、付款行名称、票据状态、拆包标识；也可查询具体子票据区间详细信息页面，包括展示票据基本信息、背书记录。

供应链平台则可以通过“企业票据信息查询申请报文”向供应链票据平台申请查询平台下的具体其一家企业持有的一个票据包编号下的票据详细信息，供应链票据平台通过“企业票据信息查询应答报文”返回票据登记信息和票据相关状态，主要包括票据基本信息、出票人信息、承兑人信息、收款人信息、持票企业信息、票据状态信息等。

三、结论与展望

票交所作为票据市场基础设施，致力于结合实体经济的需求，不断优化产品和服务。供应链票据平台依托票交所系统，采用直连方式供供应链平台接入，为市场机构参与票据市场提供了安全、稳定、高效的平台。供应链票据平台对引导金融机构加强企业使用电子商业汇票的辅导，推动票据在供应链金融中的广泛应用发挥了重要作用。结合目前票据市场发展需要，从票据市场风险防范角度出发，如何实现供应链票据线上清算、如何通过数据共享和大数据分析，如何依托供应链平台内如合同、发票、订单、物流、仓单、信用等信息实现对供应链票据贸易背景真实性的审核值得我们进一步思考。是否可以引进新兴技术，如擅长挖掘不同种类信息间存在的某种关系网络的知识图谱技术是否可以应用于供应链票据平台，根据供应链平台内如合同、发票、订单、物流、仓单、信用等信息构建公司贸易关系和历史票据的关联关系，为贸易背景的真实性评估提供参考，值得科研人员进一步探究。

供应链票据平台的实施离不开票交所科技人员的付出，票据市场需求的多样化也对票交所的科技力量提出了新的要求，更需要科技一线人员结合业务需求和科技发展，提升产品的高效性和稳定性，推动新兴技术如区块链、大数据、人工智能等在票据产品的落地。票据在供应链市场未来的应用值得期待！

探索票据簿记系统的建设思路

檀 婧 张文广[①]

一、票据市场的蓬勃发展

票据市场是我国金融市场体系重要组成部分。经过近40年的不断探索与实践，上海票据交易所（以下简称票交所）于2016年12月开业运营，标志着全国统一的票据交易基础设施的建立，对于完善中央银行宏观调控、优化货币政策传导、防范金融风险、增强服务实体经济方面发挥着极其重要的作用，对票据市场的健康发展意义深远。

根据票交所官方数据统计，2018年全年商业汇票承兑发生额为18.27万亿元，年底承兑余额为11.96万亿元，其中电票承兑发生额为17.19万亿元，占比94.09%。2018年商业汇票贴现发生额为9.94万亿元，其中电票贴现发生额为9.73万亿元，占比97.89%，年末贴现余额共计6.68万亿元。票面平均金额约为88万元，企业使用票据进行贸易支付的总金额为56.56万亿元，票据签发规模稳步增长，企业贴现融资效率明显提高，票据服务实体经济功能愈发明显。票据在支持实体经济特别是在拓宽中小企业融资渠道，解决中小企业融资难、融资

① 作者简介：檀婧、张文广现就职于上海票据交易所技术开发部。

贵问题上，发挥着引领作用。

二、构建适应业务快速拓展的账务系统

票交所根据总行的决策部署顺利完成纸电票据交易融合实施工作，实现了纸质票据和电子票据的同场交易，标志着全国统一、安全高效的电子化票据交易平台基本建成。纸电融合后的中国票据交易系统（以下简称交易系统）为票据转贴现、回购和再贴现业务提供技术支持，根据票据交易规则、风险防控规则、清算规则等，为商业银行、财务公司、非银行金融机构提供无纸化票据资产托收和交易结算，电子商业汇票系统（ECDS）关闭转贴现、再贴现功能，主要在票据发行市场为企业票据签发、支付流转以及贴现融资提供技术支持，ECDS成为交易系统重要的票源（上游）系统。

（一）现有系统的记账方式

根据业务需求，ECDS与交易系统在记载票据账务的方式上采用通过以票据为单位，在系统中创建票号（唯一标识），并结合纸票样式中的票据业务要素构造记录模板（以下简称样式），将金额、出票人信息（包含开户行号、账号、类别、名称、组织机构代码，下同）、承兑人信息、收款人信息、当前持票人信息等票据要素录入此样式模板中，通过票号进行检索，实现纸质票据电子化。在交易环节通过记录交易流水明细列表（以下简称粘单），将粘单附加至此票号所对应的样式上，形成一张完整的电子票据。

系统现有记账方式有以下三方面的优势。第一，记账方式直观。由于电子化记录的信息与现实中纸质票据记载的信息高度匹配，记账方式在系统设计上较为直观，易于业务人员与技术人员理解。第二，直连接口与记账系统交互界面简洁。直连接口向会员提供了访问票交所系统（中心化系统）进行票据发行、托收、交易的渠道，会员通过访问接口进行票据转让，并直接反映到记账

系统上。因为直连接口的操作维度是票据，所以将票据行为信息的变化直接体现到以票据为维度的账务上相对简洁。第三，系统设计简单。构造样式模板，填充业务要素并记录交易流水的方式相较于把资产（票据）记录到债权所有人名下并进行资产管理的方式更为简单，系统在逻辑设计上、热点账户（债权人）的高效处理上不存在技术难点。

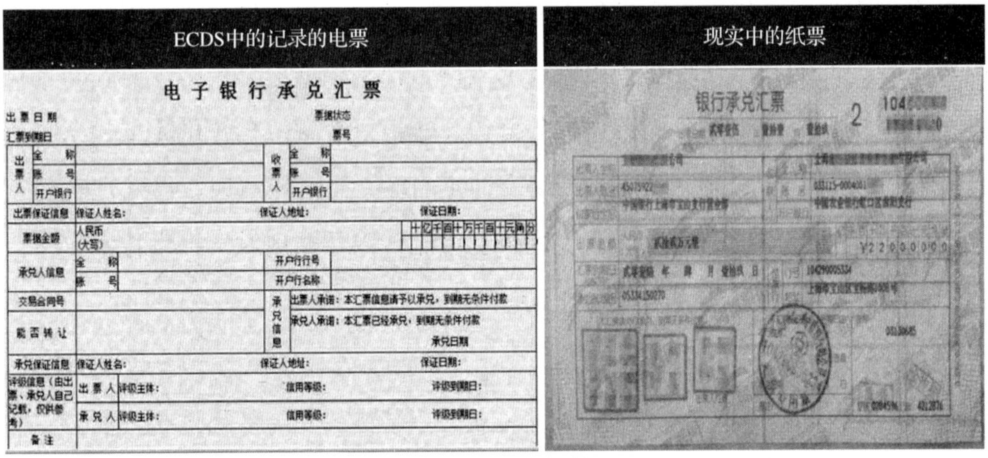

图1　ECDS记录电票与现实纸票

当前系统的记账方式即将票据基本信息、流转信息记录至票面以及粘单，在现有业务框架下简洁、稳定、高效。图1为ECDS中记录的电票与现实中的纸票，不难发现，两者高度匹配。

（二）构建以会员为维度的新型簿记系统

1. 业务场景丰富以促进系统重构。随着我国经济形势进入以“中高速、优结构、新动力、多挑战”为主要特征的新常态，票据市场发展呈现出市场主体延续多元、资金化特征愈加明显、跨市场发展更趋常态、业务运行模式更为集中专营的特点。票据市场蓬勃发展对系统的易用性、扩展性及高可用性提出了新的挑战与更高的要求。例如，票据在一级市场进行货票交易时，由于票据金额与结算金额不匹配，会在一定程度上影响票据支付的便利性，造成票据流通效率下降。票据在二级市场进行机构间买卖的过程，通过组包、挑票、选购的方式进行，未能发挥票据类同债券的资金快速拆借的作用。在一级市场和二级市场募集创设资产并发行标准化票据过程中，由于未统一规范票据的发行环节，募集创设标准化票据底层资产的甄别工作流程烦琐。未来随着市场的变化，票交所将推出越来越多的业务系统，而现有的记账系统在设计上与业务存在较大的耦合，不易于新的业务系统快速集成。

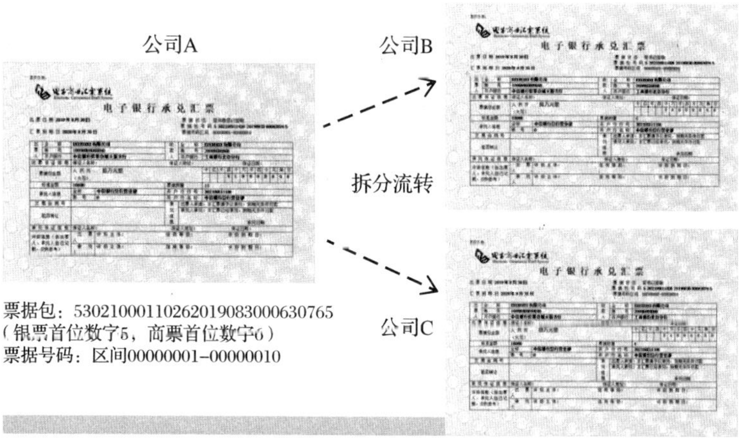

图2 票据拆分前后信息变化

如图2所示，未来，无论票据业务标准化发展是选择在背书交易环节实现票据拆分，还是选择在发行环节进行等额发行，交易的核心不再体现在票据上，而是会员主体的债权债务转让关系。图3是票据流转的全流程，从中可以看出票据交易的过程从其本质上来讲，体现了交易双方的资产负债变化，因此在账务记载上，更应该体现这种变化。

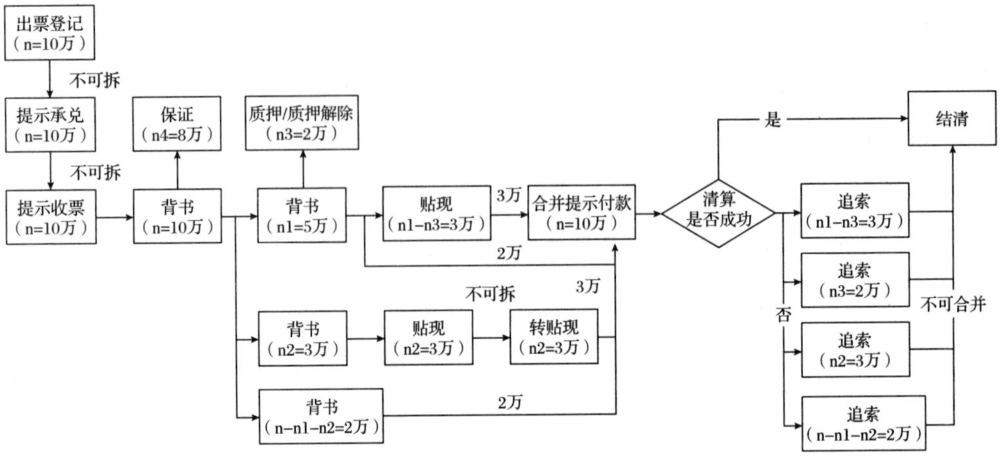

注：（1）n, n1, n2, n3, n4均为正整数；（2）n3＜n1≤n4≤n。

图3 票据全生命周期举例

2. 学习借鉴探讨系统设计思路。参考我国国债簿记系统与中国人民银行清算账户管理系统的实现，可将票据簿记系统（票据账务系统）划分为两部分：票据账户系统和资金账户系统。票据账户系统负责对系统参与者持有的票据进

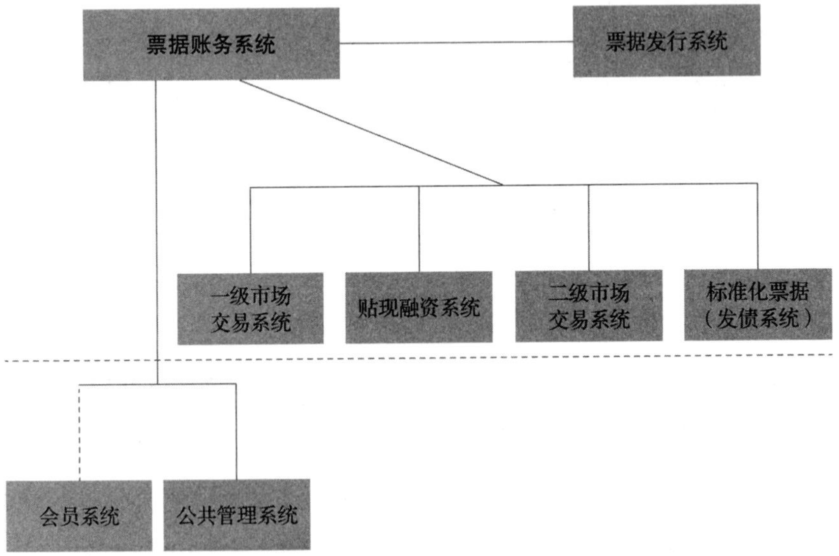

图4 票据账务系统与中国票据交易系统关系

行集中管理；资金账户系统负责对系统参与者的资金钱款集中管理。两部分相互配合协调，共同构成对外提供统一服务的账务系统。账务系统与交易系统上的各项业务，包括一级市场交易系统、贴现融资系统、二级市场交易系统、发债系统等各业务系统间的关系，如图4所示。

资金账户体系可沿用交易系统当前的设计方式和运行模式：银行会员的系统参与者使用本行法人在大额支付系统的备付金账户作为资金账户；非银行会员（财务公司除外）的系统参与者和非法人产品的系统参与者需在票交所开立资金账户；财务公司系统参与者若已在大额支付系统开立备付金账户，则使用备付金账户作为资金账户，否则需在票交所开立资金账户。交易达成后，在为交易双方进行票据和资金的清算结算时，交易系统分别借记、贷记双方参与者的资金账户以实现资金的划拨。

票据账户体系可通过为系统参与者设立票据账户，将交易系统当前以票据为基准的记录方式调整为以系统参与者为基准的记录方式。交易达成后，交易系统可直接借记、贷记双方参与者的票据账户，实现票据的交割，同时将交易明细以流水的方式另行记录，以便审计查验。

（三）探索构建完善的票据账户系统

票据账户系统为系统参与者设立票据账户，集中存储和管理票据账户，以实现对交易系统子系统业务运行的支持，同时还要包含账户管理服务、运行控制服务、业务处理服务、日终对账服务等功能。

1. 账户管理服务模块。账户管理服务模块为票交所各会员（企业）设立票据账户，参与者所持有的票据均登记在其票据账户下，账户信息包括账户名称、账号、账户状态（包括已开户、待销户、已销户和锁定等）、机构类型（包括企业、银行类机构、非银类机构、非法人产品等）、机构资金账户名称及账号、机构当前所持有票据的票据信息（如票据号码、承兑行、贴现行、流转信息、到期期限）等。建议企业不设立独立的资金户，只设立票据账户（企业参与的业务除贴现、托收业务以外，其余业务均为非资金交易业务）。

同时，账户管理服务模块设置存款类科目、资金往来类科目、票据科目、汇总平衡类科目：存款类科目反映系统参与者资金的变动情况；资金往来类科目反映票交所自身资金的往来情况；票据科目用于记录系统参与者所持有票据的变动情况；汇总平衡科目是为平衡票交所账务而设置的。

表1　账户系统中科目及账户设置

科目		账户	
		账户A	账户B
存款类科目	××存款科目		
	××存款科目		
资金往来类科目	票交所往来科目		
票据科目	××票据科目		
汇总平衡类科目	汇总平衡科目		

2. 运行控制服务模块。运行控制服务模块负责系统状态变更，系统参数、参与者信息和规则的变更生效，历史数据清理，以及审计等功能的智能化控制等。其中，系统参数包括系统运行时间、业务超时时限、业务数据保存期限等；参与者信息包括会员信息、业务权限等。

3. 业务处理模块。票据账户系统配合资金账户系统对各业务系统提供账务处理服务，因此业务处理模块是票据账户系统的核心模块之一，该服务模块负责对接发行系统和各交易子系统，实现对账务的统一管理。比如，对于二级市场交易系统，持票人或贴现人对票据进行初始权属登记时，票据账户系统将该票据登记在持票人的票据账户下，并记录票据的详细信息，如票据号码、票据金额、票据种类、出票日期、到期日、出票人、收款人和承兑行等。当系统参与者发起一笔交易时，票据账户系统首先调用账户管理模块检查该参与者的票据账户信息，包括账户状态、交易权限等，之后调用业务处理模块对交易要素进行检查。交易达成后，票据账户系统按照规定的结算方式，配合资金账户系统完成后续的清算结算等环节。当结算方式为票款兑付时，资金账户系统贷记买方资金账户、借记卖方资金账户以完成钱款的划拨；同时票据账户系统借记买方票据账户、贷记卖方票据账户以完成票据的交割。当结算方式为纯票过户时，仅运行票据账户系统完成票据交割。

4. 日终对账模块。日终各类业务处理完成后，票据账户系统日终对账模块以系统参与者为维度汇总当日票据交易明细，包括每笔交易双方机构信息、业务类型、票据信息、发生额和清算时间等，根据交易明细更新系统参与者的票据账户日计表，内容包括该票据账户日初票据余量、借方发生额、贷方发生额、日终票据余量等。另外，票据账户系统需配合资金账户系统对当日所有完成资金清算的交易进行账务核对，即以系统参与者的票据账户为基准，对当日票据的往来科目累计发生额和账户余额进行试算平衡；若试算不平，可唤醒人工干预界面以完成冲正业务，保证票据、资金流转安全可靠。

三、结论与展望

票据市场的拓展和业务量的不断攀升，对票交所科技工作提出了更高的要求。上文所述构建票交所簿记系统的构想仅仅起到抛砖引玉的作用，需要我们奋斗在科技一线的战友们携手前行、共同努力，吸纳各方先进理念与技术，深入思考，取精择优，共同为票据市场的蓬勃发展贡献科技工作者的力量。

参考文献

[1] 上海票据交易所. 2018年第三季度票据市场运行情况[EB/OL].（2018-11-02）[2020-08-27]. http://www.shcpe.com.cn/uploadfiles/2018/11/201811021738203820.pdf.

[2] 上海票据交易所. 上海票据交易所纸电票据交易成功融合[EB/OL].（2018-09-29）[2020-08-27]. http://www.shcpe.com.cn/info_11_itemid_1314.html.

[3] 上海票据交易所．上海票据交易所系统参与者资金账户业务操作规程［EB/OL］.（2017-11-16）［2020-08-27］. http://www.shcpe.com.cn/info_26_itemid_261.html.

[4] 王信，曹莉．建立统一、高效的国债簿记系统 [J]. 证券市场导报，1997(10)：41-45.

[5] 胡波．解析央行第二代支付系统及其影响 [J]. 银行家，2012(4)：120-122.

国际经验

美国银行承兑汇票市场

上海票据交易所　摘译

［摘　要］美国银行承兑汇票市场在1984年达到顶峰，余额约为800亿美元，而到了2006年却降至仅有40亿美元。银行承兑汇票在美国的运作机制、发展历程和萎缩原因，值得我们了解和研究。金融学家Marcia Stigum的经典著作《货币市场》（*Stigum's Money Market*），对美国银行承兑汇票市场自创立到2007年的发展历程进行了较为详细的介绍，现将主要内容摘译如下，供参考。

［关键词］银行承兑汇票　美联储　商业票据

一、银行承兑汇票的历史

银行承兑汇票的使用可追溯到12世纪，早期用来为国际贸易融资。在美联储成立前的两个世纪里，国际贸易主要以英镑计价和融资，伦敦的英镑银行承兑汇票市场非常繁荣。美联储创建于1913年，其创始人认为，应该在美国发展一个效仿伦敦市场的银行承兑汇票市场，以增强纽约的国际贸易和金融中心地位、促进美国的对外贸易，以及提高银行的竞争力。因此，美联储授权银行接受定期汇票（Time Draft），并对合格的银行承兑汇票进行再贴现和购买。

到20世纪20年代末，在美联储的帮助下，美国银行承兑汇票市场已经建立起来，余额超过17亿美元。后因为“大萧条”与第二次世界大战，余额急剧下降到1945年5月的1.04亿美元。战后，随着国际贸易的复苏，银行承兑汇票融资再次流行起来，余额在1973年底达到89亿美元。

此后，这一数量先呈指数增长，然后又逐渐减少（见图1），尤其是在1984年美联储宣布不再接受银行承兑汇票作为其公开市场操作中回购协议的抵押品之后。其他导致银行承兑汇票市场萎缩的因素包括其他融资工具的替代作用、市场流动性下降及金融脱媒等。

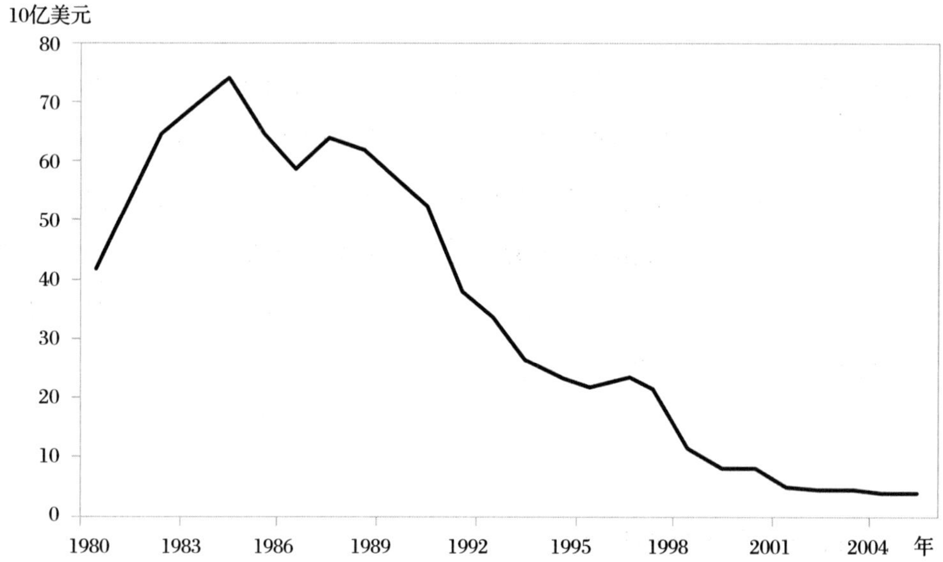

资料来源：债券市场协会。

图1 银行承兑汇票余额

二、产品基本情况

银行承兑汇票是一种定期汇票，即要求承兑人在指定日期向持票人支付指定金额的命令。银行承兑汇票由银行承兑并承担到期支付的义务。根据美联储的规定，可通过银行承兑汇票进行融资的领域包括对外贸易、国内货物运输、易售必需品在国内外的仓储、向某些国家的银行提供美元外汇信贷等。

以下为银行承兑汇票产生的一个例子。一家美国进口商想从外国出口商那里购买鞋子并在几个月后付款，为了获得必要的融资，他让银行按交易额开出一份信用证并寄给外国出口商。当鞋子出口后，出口商通过该信用证向进口商的美国银行开出一张定期汇票，并可在当地银行贴现这张汇票，从而马上获得货款。出口商的银行再将定期汇票与货运单据寄给进口商的美国银行，美国银行会承兑这张汇票（成为承兑行不可撤销的付款义务）。如果出口方银行不需要立刻获得现金，美国银行会将这张汇票交还出口方银行，反之美国银行会支付汇票，然后既可持有银行承兑汇票也可出售给投资者。汇票到期时，出票人负责向承兑行支付汇票的票面金额。

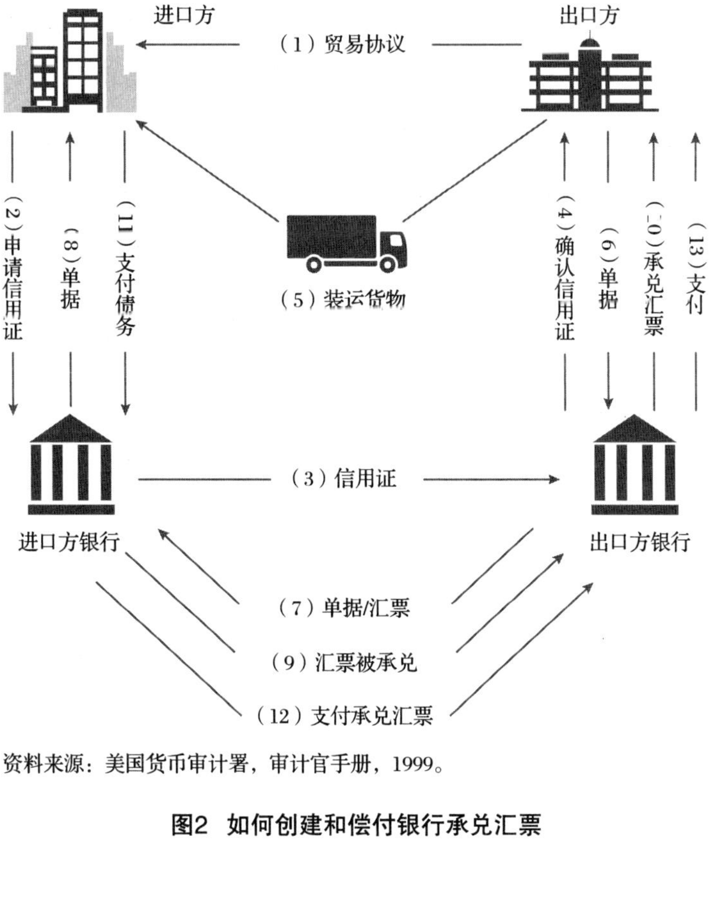

资料来源：美国货币审计署，审计官手册，1999。

图2　如何创建和偿付银行承兑汇票

虽然开立银行承兑汇票经常要由信用证来预批准，但也可以在没有信用证的情况下开立，之后再由适当的单据来支持。实际上，由于交易参与者和交易性质不同，银行承兑汇票可由多种方式开立。创建银行承兑汇票需要承兑行具备大量专业知识，因此只能由拥有熟悉这一市场海外部门的银行完成。

很大一部分银行承兑汇票过去是由埃奇法公司（Edge Act Corporations）发起的，它们是美联储特许银行设立的经营国际银行业务的专业分支机构，为美国所有经济部门提供国际贸易融资，特别是出口。根据《联邦储备法案》第25章及25（A）条，埃奇法公司只能从事国际银行业务或其他涉及国际贸易的交易。

银行承兑汇票过去主要为美国进出口贸易融资，但1974年，因为石油价格大幅上涨，这一情况发生了变化。当时日本与其他国家开始通过美国银行承兑汇票市场来为石油进口融资，因此市场急剧增长，性质也发生了转变，1989年未到期银行承兑汇票中有一半以上为外国之间的货物仓储或运输提供融资。对于货物的仓储，只有在现货市场上不断交易且有经常性报价、在任何时候都能轻易销售的商品，才能被认定为“易售必需品”。近年来银行承兑汇票所融资的商品种类变化不大，主要为小麦、玉米和大豆等谷物，以及棉花和石油。

大部分银行承兑汇票有单据支持，如发票、提货单或仓库收据，并由承兑行持有，出售给投资者的仅是一张票据（见图3）。这张票据展示了基础交易

本票据的产生基于
化工品 的进口交易
从 美国 到 日本

承兑行：×××银行
见票日期：××年×月×日
授权签名：

金融：1,000,000 美元　开票日期：××年×月×日　收款人：

到期日：见票180天 后付款

出票人：

图3 银行承兑汇票格式举例

的性质。银行承兑汇票经常以无记名形式发行，可以设定不同的到期日，但市场上3个月期的银行承兑汇票交易量最大。

银行承兑汇票的金额取决于借款人要融资的交易。银行承兑汇票的交易商以500万美元为一手，但实际发行金额通常比500万美元大很多，有时会高达5000万美元。银行承兑汇票的发行期限为1~6个月，期限超过6个月的银行承兑汇票是“不合格”票据，会折价交易。银行承兑汇票的信用风险很小，其在美国交易的80多年里，没有投资者遭受过本金损失。

银行承兑汇票以贴现方式报价，根据银行的信用评级进行交易，即收益率将反映市场对承兑行信用状况的评估。承兑行分两个层级，第一级是大型美国银行，第二级是埃奇法银行、外资银行和地方银行，一级银行承兑的汇票利率通常更低。其他影响利率的因素包括发行规模、交易规模和交割日期等。

银行承兑汇票的利率相对美国短期国债更高。20世纪90年代末，6个月期国债与同期限银行承兑汇票的收益利差通常为25个基点左右，具体取决于利率

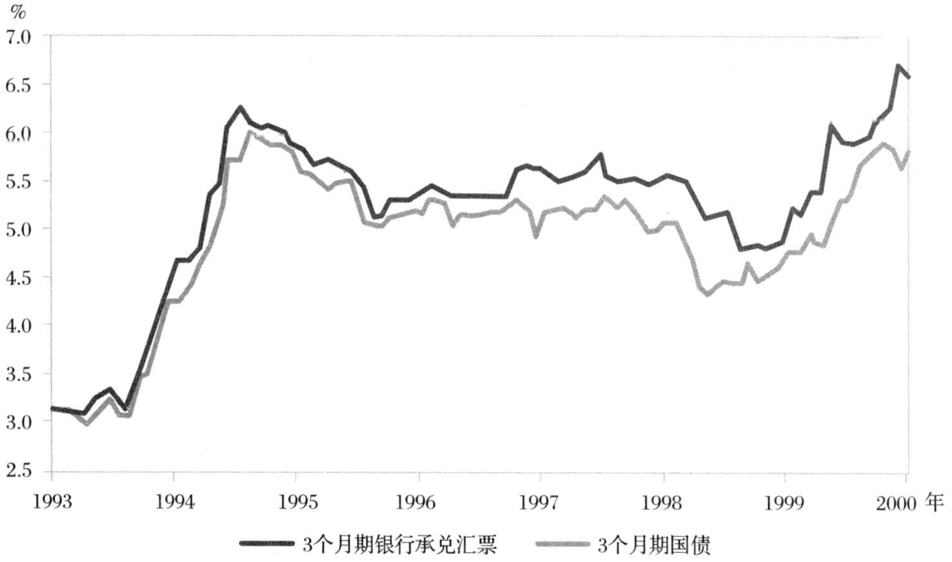

资料来源：美联储。

图4 3个月期银行承兑汇票与3个月期国债利率走势

周期和其他与信用质量有关的因素。与其他信用利差一样，银行承兑汇票与短期国债的利差在利率上升时扩大，下降时缩小。

三、资格要求

有资格被美联储贴现或买入的银行承兑汇票必须满足很复杂的要求，其核心是只能为特定几种具有自偿性的贸易提供短期（6个月以下）融资。资格要求的重要性在于，银行出售合格承兑汇票可不产生准备金要求，且免于联邦贷款限额。目前银行可以，也确实创造了一些“不合格”的承兑汇票，但出售这些汇票会导致准备金要求，产生的成本会由银行转移给借款人。由于通过“不合格”银行承兑汇票融资的借款人要支付更高的利率，所以银行承兑汇票经常被其他融资工具所代替。

20世纪70年代早期，美联储通过四种方式活跃在银行承兑汇票市场中，一是在资产组合中买入银行承兑汇票。为了鼓励市场的发展，美联储在第一次世界大战后、银行承兑汇票市场成立之初就开始买入汇票。二是与银行承兑汇票交易商进行回购交易。“有资格”被买入的银行承兑汇票也“有资格”被回购，美联储在1984年7月之前一直与银行承兑汇票交易商进行回购，但之后却不再进行。三是以银行承兑汇票为抵押品在贴现窗口为银行放贷。四是在公开市场上为外国央行账户买入银行承兑汇票（美联储为后者担保）。作为鼓励银行承兑汇票市场和对外贸易发展的一种方法，纽约联储多年来在为外国官方账户（主要是其他央行）购买银行承兑汇票并提供担保，但由于这一投资者群体太小，美联储于1974年决定终止为外国账户的银行承兑汇票提供担保。

后来，公开市场操作取代贴现窗口成为美联储创造银行储备金的主要工具，而美联储贴现窗口的作用也发生了变化。银行不再会通过再贴现银行承兑汇票来筹资，美联储账户从2006年第三季度末起也不再持有银行承兑汇票。

四、定价与销售

银行开立承兑汇票时的定价方式为，找到由其承兑的相同期限票据在市场上的交易利率，加上卖出票据过程中产生的成本，再加上服务费。20世纪70年代中期，标准承兑手续费率是1.5%，后降为2006年左右的25个基点或更低。

一旦一家银行创建了银行承兑汇票，它既可以持有该票据作为其贷款组合的一部分，也可以出售，各银行策略差异很大。当美联储收紧银根、银行储备金不足时，它们通常会选择出售银行承兑汇票来为更多的直接贷款提供资金。相比之下，当货币宽松时，银行行为有更多的可能性。

如果银行认为利率将下降，则会持有银行承兑汇票，相反则出售。但银行通常倾向于尽快卖出银行承兑汇票，因为选择持有是在预测未来资金成本的走势，但银行承兑汇票收益相对较低、利差很小，因此利率的小幅提高就会使其失去利润。加上银行现在高度关注资本比率、资产负债表空间利用、资本回报率、外汇风险和低流动性，因而进一步减少了其对持有银行承兑汇票的兴趣。

公司是否使用银行承兑汇票融资通常是利率决策的结果。有融资需求的公司会寻找尽可能便宜的融资方式，而商业票据（Commercial Paper，CP）市场是企业可用的短期融资中最便宜的渠道，其融资利率通常接近联邦基金利率。通过银行承兑汇票借款是无法发行商业票据的公司间接进入这个市场的办法，但因为公司必须向承兑行支付一笔费用，因此成本更高。

许多美国公司使用银行承兑汇票是为商品的进出口融资，融资需求较大，同时，由于商品价格的变动很大，使融资规模难以预测。上述原因导致这些进出口公司需要保持尽可能多的融资渠道，因此尽管大部分融资是在其他市场获得的，一些公司仍会通过银行承兑汇票市场取得部分融资。

五、市场的萎缩

银行承兑汇票市场萎缩的最主要原因可能是替代融资渠道的增加。现在绝大多数机构借款人都不再通过银行融资，而且相比银行承兑汇票，机构借款人更喜欢通过融资成本更低、借贷过程更简单的商业票据市场融资。图1显示了银行承兑汇票余额的下降，而图5则显示了商业票据市场的快速增长。根据债券市场协会的数据，2006年第二季度末货币市场的规模为3.7万亿美元，商业票据市场是其中最大的子市场。商业票据市场吸引了银行承兑汇票市场上的机构投资者，是导致银行承兑汇票市场萎缩的原因之一。

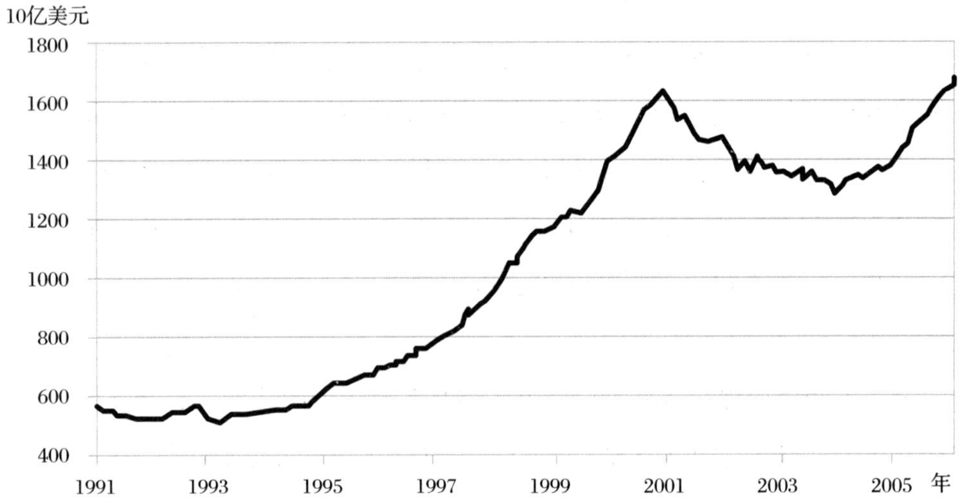

资料来源：美联储。

图5　商业票据市场余额

其他导致银行承兑汇票市场萎缩的因素包括银行承兑汇票作为融资工具不够便利、汇率风险、20世纪90年代日本银行体系的衰弱、缺乏简单的对冲手段，以及银行更关注其他费用收入来源等。

交易量方面，银行承兑汇票交易量的下降一定程度上是因为虽然需求没变，供应却下降了。一旦越来越多的银行承兑汇票被创造出来，就会马上被出售给零售客户（由发行人直接出售，或者通过交易商出售），他们通常持有票据至到期，因此市场上几乎没有可交易的汇票。

六、市场现状

如今，美国银行承兑汇票市场比过去小很多，也更分散。如前所述，2006年年中时银行承兑汇票的余额仅为40亿美元，而且与有许多货币中心银行参与时相比，单笔发行规模也缩小了。此外，日本银行承兑汇票市场已经消失，其他国家的银行也很少发行，现在外国发行者往往是加拿大和英国的银行，但发行量也很少。许多地方银行开展银行承兑汇票业务是为了增加服务种类。银行承兑汇票市场对其而言并非有利可图，只是在竞争激烈的银行业环境中，银行需要提供银行承兑汇票这样的产品。

银行承兑汇票最大的投资者是货币基金、养老基金、地方政府、储蓄机构等，但如今该市场的活跃交易商比全盛时期要少许多，这降低了其对机构投资者的吸引力，也是银行承兑汇票市场萎缩的原因之一。

到期日方面，有许多因素会影响未到期银行承兑汇票的到期日分布，如承兑行在季末对资产负债表的美化需求等。期限在3个月以内的票据最多，流动性最高。为了降低汇票期限在交易中的分散程度，交易商会将同一月到期的所有汇票分为月初到期和月末到期两类，分别报价。6个月到期的票据交易也较活跃，流动性最低的是4个月期和5个月期的票据。

交易额方面，投资者偏好100万美元以上的交易。不过，现在10万美元左右的交易比以前要更加常见。少于100万美元或者像130万美元这样的零散票据，以及期限少于30天的票据会折价交易。交易商通常更喜欢大额交易，而且一些零售能力强的交易商希望获得500万美元以上的大宗交易，会以高价买入。

风险方面，银行承兑汇票市场通常被认为风险很小，因为是根据承兑行的信用评级进行交易的。不过，银行承兑汇票市场仍然面临交易风险、合规风险、信用风险、流动性风险、汇率风险和声誉风险等。

资料来源：Stigum M, Crescenzi A. Stigum's Money Market [M]. 4th ed. [s.l.]: McGraw-Hill, 2007 : 943–966.

国际金融动态

上海票据交易所　编译

SIFMA：2019年美国固定收益市场数据

美国固定收益市场规模近10年来占全球市场的近40%，是第二大市场（欧洲）的1.9倍。2019年末，美国国债、住房抵押贷款支持证券（MBS）以及公司债的余额分别为16.67万亿美元、10.33万亿美元和9.6万亿美元，同比增长6.8%、6.2%和3.9%，三项总占比达到固定收益市场余额的81.1%。商业票据（CP）市场年末余额为1.0万亿美元，同比增长4.9%，其中51.4%由金融机构发行、24.1%由非金融机构发行、24.4%为资产支持商业票据（ABCP）。发行量方面，2019年美国国债、MBS以及公司债的发行量分别为2.94万亿美元、2.11万亿美元和1.42万亿美元，同比增长9.3%、10.7%和6.2%，三项总占比达到固定收益市场总发行量的78.9%。

资料来源：*SIFMA Research Quarterly 4Q19: US Fixed Income Markets*，www.sifma.org。

AFME：2020年第一季度欧洲证券化产品发行数据

2020年第一季度，欧洲证券化产品总发行量为301亿欧元，环比减少61.7%，同比减少2.3%。其中，214亿欧元为售出产品（非发行机构自留），占总量的71.1%，高于上年同期售出比例（63.3%）。英国RMBS[①]售出量最高（73

① Residential Mortgage Backed Securities (RMBS)：住房抵押贷款支持证券。

亿欧元），其次是泛欧CLO[②]（54亿欧元）、荷兰RMBS（19亿欧元）。

资料来源：*AFME Securitisation: Q1 2020*，www.afme.eu。

ISDA：2020年第一季度《基准利率改革进展报告》

国际掉期与衍生品协会（ISDA）发布了2020年第一季度《基准利率改革进展报告》，旨在衡量受美国监管并披露的衍生品交易基准利率转换情况。第一季度，参考替代无风险利率（包括SOFR[③]，SONIA[④]，SARON[⑤]和TONA[⑥]）的利率衍生品名义交易量增至8.4万亿美元，占利率衍生品名义交易总量的9.6%，而上年第四季度只有2.7万亿美元（5.4%）；交易笔数也增加至10054笔，上年第四季度只有4166笔。其中，SOFR名义交易量为2804亿美元，笔数为1366笔；SONIA名义交易量为8万亿美元，笔数为8385笔，是所有替代利率中使用量最大的；SARON名义交易量为75亿美元，笔数为17笔；TONA名义交易量为1112亿美元，笔数为252笔。

仍有名义交易量达47.5万亿美元的利率衍生品参考Libor，占利率衍生品总名义交易量的54.3%。其中，2020年到期的有23.7万亿美元，2021年到期的有8.5万亿美元，2021年以后到期的有15.3万亿美元。

资料来源：*Interest Rate Benchmarks Review: First Quarter of 2020*, www.isda.org。

DTCC：美国货币市场动态

当前金融市场的剧烈波动正在影响美国货币市场，商业票据（CP）和机构存单（CD）的流动性自2020年3月中旬起急剧下降，美联储也于该月创立了新的流动性工具。DTCC存管的货币市场工具余额约为3.1万亿美元，其中包括

② Collateralized Loan Obligations (CLO)：贷款抵押债券。

③ SOFR：有担保隔夜融资利率。

④ SONIA：英镑隔夜指数均值。

⑤ SARON：瑞士隔夜平均汇率。

⑥ TONA：东京无担保隔夜折借利率。

CP 1.2万亿美元、CD1万亿美元。5月，固定利率CP结算量为1.7万亿美元，为前12个月平均值的94%；浮动利率CP结算量为108亿美元，为前12个月平均值的36%；固定利率CD结算量为1710亿美元，为前12个月平均值的90%；浮动利率CD结算量为230亿美元，为前12个月平均值的45%。这也是2020年1月以来，第一次出现两种浮动利率产品结算量均高于上月。

资料来源：*How is Market Volatility Impacting Money Market Securities*，www.dtcc.com。

ESMA：《全球金融风险评估》

欧洲证券及市场管理局（ESMA）的评估认为，证券市场和金融基础设施当前的风险水平很高。证券市场方面，2月中旬以来，全球股票市场开始了大幅的价格修正，涨跌幅堪比国际金融危机时期，且伴随着创纪录的高波动率。公司债市场也正在经受严重的压力，AAA债券利差增加80个基点以上，BBB债券利差增加170个基点以上，流动性目前也远低于长期平均水平。基础设施方面，交易所正面临三倍于平均值的交易量，熔断机制被大量触发，仅3月16日至21日的触发量就大于4000次，而长期周平均触发量只有100次。一些国家还发布了短期或长期的卖空禁令。为适应市场的极端波动，中央对手方普遍调整了初始保证金模型，且初始、追加保证金金额和追加通知数量都显著增加。从风险种类来看，当前流动性风险、市场风险的风险水平为超高，而且下季度将保持超高风险水平；信用风险、操作风险的风险水平为高，但下季度有上升可能。

资料来源：*ESMA Risk Dashboard Risk up-date*，www.esma.europa.eu。

IMF：疫情后亚洲中小企业的复苏

中小企业现金储备低、杠杆率高，主要依靠短期贷款和留存收益，且恰好集中在受疫情打击最大的商业领域。面对这次前所未有的危机，中小企业正面临严重的现金短缺和融资方式缺失。由于商业银行自身的经营压力和风险厌恶，当前鼓励贷款展期并向银行提供廉价资金的政策虽然会有一定效果，但可能不足以挽救中小企业。调查显示，作为亚洲经济体的主要雇主，中小企业可能还剩不到3个月的现金储备，或将引发大量违约和失业。为避免这种情况，中小企业需要一条临时生命线，即覆盖整个经济体的流动资金过渡贷款。一种方案是，政府以股权投资方式设立特殊目的机构，央行提供资金，从商业银行购买流动资金贷款，为其腾出贷款空间。央行从政府的初始股权投资中获得一定的损失保护，商业银行自留一部分贷款以分担风险。美国财政部和美联储已经创立了类似的特殊目的机构，以支持陷入困境的中小企业。

资料来源：*A Post-Coronavirus Recovery in Asia: Extending a "Whatever it Takes" Lifeline to Small Businesses*，www.imf.jp。

英国央行：《中小企业融资的"开放数据平台"构想》

英国有590万中小企业，雇用了60%的私营部门劳动力，贡献了50%的国内生产总值（GDP）。目前，85%的英国中小企业债务是银行贷款，许多中小企业都面临融资困难。调查表明，只有36%的中小企业利用了外部资金，70%的中小型企业宁愿减缓增长也不愿贷款。受开放银行（Open Banking）的启发，英国央行提出了"开放数据平台"构想，让数据在整个经济中开放流动，以缓解220亿英镑的中小企业融资缺口。开放银行的实践证明，在适当的权限规则基础上，敏感财务数据可通过API（应用程序接口）安全地与第三方进行共享。类似地，如果在整个经济中通过开放数据平台推广数据共享标准，那么中小企业将能利用其在运营过程中产生的各种数据更容易地获得融资。开放数据平台将是一个去中心化的数据提供者网络，可根据中小企业的要求将数据从多个地方即时传递至潜在贷方，相当于创建和递交了一份便携的虚拟信用档案。开放数据平台的构建和运营需要三个重要基础，一是身份证明，包括数字化标识、身份验证和许可；二是数据传递标准，以实现可移动性和互操作性；三是平台诚信和治理，以确保可信和安全。

资料来源：*Open Data for SME Finance*，www.bankofengland.co.uk。

FSB：《网络安全事件响应与恢复有效实践》征求意见稿

对网络安全事件的高效响应和恢复能力是维护金融生态系统稳定的重要方面，金融稳定理事会（FSB）因此开发了协助金融机构进行网络安全事件响应和恢复的有效实践工具包。工具包列举了46项做法，分为七部分：一是治理，就如何组织和处理网络安全事件及恢复建立框架；二是准备，即建立和保持响应网络安全事件的能力以及恢复关键功能、流程、系统和数据的能力；三是分析，通过对事件的剖析和对事件严重性、影响和根本原因的确认，确保能采取有效的响应和恢复措施；四是缓解，防止情况恶化并及时消除网络威胁，减轻其对业务运营和服务的影响；五是恢复，即修复受网络事件影响的系统或资产；六是改进，通过以往事件的经验及桌面推演、测试和演练等主动工具，提高响应和恢复能力；七是协调和沟通，通过与利益相关者进行协调而保持良好的网络安全形势认知。

资料来源：*Effective Practices for Cyber Incident Response and Recovery*，www.fsb.org。

BIS：认识弹性和技术的价值

当前的危机将金融市场价格发现机制的脆弱性暴露无遗，市场流动性的恶化速度比2008年国际金融危机时更快、范围更广。发达经济体的主要资金市场都遭受了压力，并且迅速蔓延至新兴市场，后者因难以获得短期融资而经受了更大的压力。各国央行不得不在多个市场采取前所未有的措施，帮助市场恢复功能。危机使我们认识到，在提高全球金融体系弹性方面不仅不能有任何懈怠，而且应该付出更多努力。此外，这场危机也显示出了维持经济正常运转、降低隔离影响的技术的价值。工作和消费方式的急剧变化，如快速向在线购物转变等，将给经济关系造成持久的影响。当前，有关央行数字货币的讨论也更加热烈。新冠肺炎疫情是否会加速现金消亡暂不清楚，但它已凸显了使用多种支付手段的价值，以及对支付手段在抵御大范围威胁方面的需求。

资料来源：*Learning the Value of Resilience and Technology: the Global Financial System after Covid-19*，www.bis.org。

ICMA：日本的可持续金融发展

近年来，各国越发重视可持续发展问题，能将资金有效引导到可持续发展项目上的金融工具也受到许多关注，其中最常见的是绿色债券、社会债券和可持续发展债券。日本政府于2017年发布《绿色债券指引》，今年3月进行了修订，并从2018年起向绿色债券给予发行补贴。日本交易所集团（JPX）也创立了绿色债券和社会债券交易平台，不少与可持续发展相关的交易所交易基金（ETF）和指数近期也开发上线。由于日本面临许多可持续发展方面的问题，所以虽然目前此类债券在日本的市场规模尚小，但增长潜力较大。2018年日本可持续类债券约占整个债券市场的16%，而到了2019年就增加至33%，翻了一番。2019年，日本发行绿色债券21笔、社会债券16笔、可持续债券14笔，总金额超过1.2万亿日元。

资料来源：*Japan's Measures for the Expansion of Sustainable Finance*，www.icmagroup.org。

日本央行：支付结算系统的未来发展

支付结算系统在数字时代的发展，有将保持不变的部分，也有会改变的部分。将保持不变或者说不应被改变的，一是货币的基本形式，即基于对象（token-based）或基于账户（account-based）。二是二级银行体制。该系统具有在支付服务中充分利用私人部门创新成果的优势，在私人部门的推动下实现金融资源的有效配置。三是央行的基本作用。即便在无人使用纸钞的情况下，日本央行也将通过控制央行的经常账户（数字货币），在二级银行体制下实施货币政策，并充当最后贷款人。央行维持货币稳定和金融稳定的责任和能力也将基本不变。会改变的，一是无现金支付将在零售领域稳步增长。二是支付服务提供方将保持多元化。三是货币和数据的关系将更加密切。许多非银支付系统提供方推出无现金支付服务的目的，不仅是为了方便客户，更是在于通过网络效应扩张商业生态系统。过去，使用货币只意味着交换一定数量的经济价值，而如今还意味着交换数据，如谁、在何时、何地、购买了什么。

资料来源：*Central Bank Digital Currency and the Future of Payment and Settlement Systems*，www.boj.or.jp。

加拿大央行行长：数字时代的货币和支付

国际货币和金融机构论坛（OMFIF）对13个国家进行的调查显示，超过一半的参与者更支持由中央银行发行的数字货币，而大型互联网技术公司的公众信任度排名最低。央行数字货币（CBDC）是现金的数字版，与现金带来的好处相同，即安全性、广泛可得性、韧性和隐私等。加拿大央行认为，目前发行CBDC的必要性不足。当然，外界环境在不断变化，加拿大央行也考虑到了两种可能促使CBDC发行的情况，一种是当现金没有在足够广泛的交易场景下被使用时，另一种是当私人数字货币被广泛接受时。在这两种情况下，加拿大央行都将作为受信任的公共机构而介入，创建一种以公众利益为重、没有商业动机的官方数字货币。

资料来源：*Money and Payments in the Digital Age*，www.bankofcanada.ca。

美国国家经济研究局工作论文：全球性流行病对经济的中长期影响

全球性流行病是罕见事件，要研究其对经济的影响，需综合几个世纪的历史数据。基于对14世纪以来15个主要全球性流行病历史数据的研究，我们发现严重的宏观经济后遗症会持续约40年，经济的实际投资回报率会大幅下降。投资回报率的下降，可能是因为每单位劳动力的资本过多，以及预防性储蓄和重新积累财富意愿增加所带来的储蓄率上升。不过，历史上的全球性流行病是在人类平均寿命较短的时期发生的，而这与此次危机的情况有所不同。

资料来源：*Longer-run Economic Consequences of Pandemics*，www.nber.org。

2020年1~8月商业汇票业务数据

上海票据交易所

单位：亿元

时间	承兑发生额		贴现发生额		转贴现发生额		质押式回购发生额	买断式回购发生额	承兑余额		贴现余额	
	银票	商票	银票	商票	银票	商票			银票	商票	银票	商票
2020年1月	18947.08	3816.38	13485.96	1330.35	29856.96	4030.48	10219.31	100.65	110193.74	18906.53	76108.04	6514.20
2020年2月	11645.76	1276.51	10027.60	575.62	26912.62	1584.26	8997.35	90.61	109677.77	18469.67	78248.77	6547.62
2020年3月	21879.57	2835.58	17137.80	1008.71	54687.65	4991.51	16479.50	144.17	115440.13	18813.54	84337.37	6785.81
2020年4月	17219.42	2566.60	12339.16	862.29	56069.32	2941.21	18399.68	91.66	119912.19	19078.65	88140.45	6979.29
2020年5月	14894.67	2526.52	10280.93	714.26	36211.87	1893.46	21794.77	280.65	122042.51	19283.12	89918.71	6963.20
2020年6月	15545.40	3643.36	9876.72	922.34	33656.61	2235.17	16282.11	368.50	122338.23	19540.03	90014.10	7030.79
2020年7月	13187.51	2747.42	7534.54	714.32	31278.46	1840.63	18288.68	516.09	120241.73	19266.00	87262.37	7021.39
2020年8月	12004.29	2747.92	6897.24	696.12	24374.54	1642.97	17176.07	448.69	119993.94	19679.50	85146.79	7105.18